Genehmigte Lizenzausgabe für „Edition Dörfler“ im
Nebel Verlag GmbH, Utting

Verantwortlich für den Inhalt ist der Autor.

1 2 3 4 5   4 3 2 1 0

Fred Koch

Kettenschlepper der Wehrmacht 1935–1945

Raupenschlepper (RSO)
Abschleppwannen und Bergepanzer
Land-Wasser-Schlepper und Panzerfähre
Beute-Kettenschlepper

DÖRFLER
ZEITGESCHICHTE

Unabhängig vom Desinteresse der deutschen militärischen Führung liefen bei verschiedenen deutschen Firmen Entwicklungsarbeiten für einen kriegsbrauchbaren Geschützschlepper, so z. B. bei den Firmen Büssing in Braunschweig, Dinos in Berlin-Hohenschönhausen, Hanomag in Hannover-Linden und Podeus in Wismar. Die Fertigungsreife für diese Fahrzeuge wurde aber erst bei Kriegsende erreicht. Die entstandenen Kettenschlepper wurden dann als »Landwirtschaftliche Zugmaschinen« auf den Markt gebracht.

Der erste Raupenschlepper, der von der Verkehrstechnischen Prüfungs-Kommission (V.P.K.) Ende November 1916 vom österreichischen Heer angekauft wurde, diente zur Untersuchung und Entwicklung eines brauchbaren Kettenlaufwerkes für den zu schaffenden »Sturm-Panzerkraftwagen«.

Neben der schnellstmöglichen Konstruktion eines »Pzkrwg.« sollte ein Überlandwagen zum Lastentransport entstehen. Oberingenieur Joseph Vollmer versah daraufhin das Fahrgestell des »Sturm-Pzkrwg. A.7V« mit einer Pritsche und einem Fahrerhaus.

Im September 1917 erfolgte die Aufstellung der ersten Armee-Kraftwagen-Kolonne, der AKK-R Nr. 1111, die mit A.7V-Geländewagen ausgerüstet und ab November 1917 der Felderprobung unterzogen wurde. Die erste »Kolonne« war am 23. Dezember 1917 einsatzbereit.

Im Januar 1918 äußerte der Chef des Feldkraftwesens Oberst Meyer bei einem Vortrag vor Offizieren der Obersten Heeresleitung (O.H.L.), daß im Gegensatz zum »St.Pzkrwg« der Geländelastkraftwagen durchaus brauchbar sei.

Die Montagehalle der Firma Daimler in Berlin-Marienfelde Ende Dezember 1917. Die A7V-Kampfwagen stammen aus der ersten Baureihe und haben die Röchling-Panzerung.
Von vorn nach hinten stehen folgende Fahrzeuge: A7V-Wagen 501 (später »Gretchen«), 502, A7V-Geländewagen 503 (war als Bergefahrzeug 1 in Kampfwagen-Abteilung 1 eingesetzt und wurde durch Aufsetzen der Panzerung des Wagens 502 zu A7V-Wagen 503), A7V-Geländewagen 503 (urspr. Bergefahrzeug 2 in Abt. 1 und wurde später durch Aufsetzen der Panzerung des Wagens 544 zu A7V-Wagen 504 »Schnuck«), A7V-Wagen 505 (später »Baden I«), A7V-Wagen 506 (später »Mephisto«) und A7V-Wagen 507 (später »Cyklop«). Auf der rechten Seite steht ein Fahrgestell des »Marienwagen II«.

Am 06. März 1918 stimmte die O.H.L. zu, daß von den 100 A.7V-Fahrgestellen 73 zum Bau von Geländelastkraftwagen verwendet werden sollten. Die Montage sollte in erster Linie bei der Daimler-Motorengesellschaft in Berlin-Marienfelde erfolgen. Zur Teilmontage sollte aber auch das Büssing-Werk in Braunschweig herangezogen werden. Ob dies jedoch erfolgte, ist nicht bekannt.

Bis Juni 1918 entstanden weitere fünf Armee-Kraftwagen-Kolonnen (Nr. 1112 bis 1115 und 1117) mit je acht A.7V-Geländewagen.

um (K.M.) beauftragt, ein gepanzertes, geländegängiges Fahrzeug zu entwickeln. Die Konstruktionszeichnungen dazu legte Dürkopp im Herbst 1917 vor. Am 30. Januar 1917 war der erste Prototyp fertig. Das Fahrgestell wurde jedoch als nicht ausreichend tragfähig für einen Panzeraufbau eingeschätzt. Dürkopp verbesserte in der Folgezeit die Laufwerksaufhängung und stellte sein Fahrgestell erneut vor. Die Entscheidung für den Bau der Sturm-Panzerkraftwagen war aber schon dahingehend gefallen, daß die Fahrgestelle von Vollmer ver-

Zwar baute die Firma Heinrich Büssing, Spezialfabrik für Motorlastwagen, Motoromnibusse und Motoren in Braunschweig im Frühjahr 1918 eine Halle für die Montage von A7V-Wagen, zu einer Einbeziehung in die A7V-Produktion ist es jedoch zu keinem Zeitpunkt gekommen. Das abgebildete Fahrzeug blieb das einzige, das von Büssing angekauft wurde. Im Ergebnis der Untersuchung des A7V-Wagens entwickelte Büssing schließlich eine Raupenbetriebsprotze (RBP), aus der dann die Landwirtschaftliche Zugmaschine (LZM) entstand.

Neben der guten Geländegängigkeit und der starken Zugkraft von 15 t war aber der Benzinverbrauch bei einer maximalen Nutzlast von 8 t im Vergleich zu bereits verwendeten, handelsüblichen Lastkraftwagen zu hoch. Außerdem verrutschte oft die Ladung beim Fahren im Gelände. Die zweiteilige Ladefläche erwies sich für die Beladung sperriger Lasten als gänzlich ungeeignet.

Von den Besatzungen der an der Front eingesetzten Schlepper wurden diese Fahrzeuge schlicht als »Munitions-Tanks« bezeichnet.

Im Sommer 1916 wurde die Firma Dürkopp in Bielefeld durch das Preußische Kriegsministeri-

wendet werden. Dürkopp wurde durch das K.M. zugebilligt, seine Chassis für den Bau von zehn »Dür-Geländelastkraftwagen« einzusetzen. Diese sollen dann auch bis zum Kriegsende fertiggestellt und schließlich auf Befehl der Interalliierten Kontrollkommission in den Jahren 1919 und 1920 zerstört worden sein.

Ebenfalls in der zweiten Hälfte des Jahres 1916 entstand der »Orion-Wagen«. Auch er sollte ursprünglich als Fahrgestell für einen Kampfwagen dienen. Für die Geländeversuche setzte man auf das Fahrgestell eine Panzerattrappe auf. Im Ergebnis dessen wurde von einer Weiterentwicklung Abstand genommen. Minde-

Der Wagen 514 der Armee-Kraftwagen-Kolonne (Raupe) 1111 während einer Vorführung im Frühjahr 1918, der vordere Teil des Laderaums ist geöffnet. Da ungenügende Halterungen für die Ladung vorhanden waren, verrutschte im Gelände oft die Ladung.

stens zwölf Fahrgestelle wurden dann aber doch noch bis Kriegsende gefertigt und als Raupenlastwagen ausgerüstet. Ein Einsatz dieser Fahrzeuge beim Feldheer wurde niemals gemeldet, und auch sie dürften in der Nachkriegszeit demontiert worden sein.

Nachdem Hugo E. Bremer auf sein geländegängiges Fahrzeug ein Patent erhalten hatte, dieses aber als Basis für einen Kampfwagen abgelehnt wurde, sollte er einen Geländelastwagen entwickeln. Aus Materialknappheit wurden ihm nur ein 4-t-Lastkraftwagen und so gut wie keine Teile zur Verfügung gestellt. So entstand ein LKW, der an den beiden Achsen Kettenfahrgestelle trug. Die Vorführung des ersten Prototyps, der als »Bremer-Wagen« bezeichnet wurde, erfolgte am 06. Oktober 1916. Danach wurden vom K.M. weitere 20 Stück bestellt. Bremer war aber unter den wirtschaftlichen Bedingungen nicht in der Lage, weitere Fahrzeuge fertigzustellen. Ende 1916 wurde deshalb die Fertigung nach Berlin-Marienfelde verlegt und noch 15 Daimler-LKW mit diesem Fahrgestell ausgerüstet, die nun als »Marienwagen« liefen. Nach einigen kleinen Verbesserungen der Kettenlaufwerke wurden noch zehn zusätzliche Fahrzeuge gebaut.

Die 15 Marienwagen der ersten und die zehn der zweiten Fertigungsreihe der »Marienwagen« wurden Anfang 1917 wieder mit normalen Vorderachsen ausgerüstet und schließlich zu Lastkraftwagen zurückgebaut.

Die verbesserte Ausführung »Marienwagen II« mit »Holt«-Laufwerk, von denen 170 Stück bestellt worden waren und lediglich 44 gefertigt wurden, hatte teilweise ein zweiteiliges Vollketten-Laufwerk. Auch diese wurden wieder mit einer einfachen Vorderachse ausgerüstet. Aber auch sie erfüllten nicht die Erwartungen, die in sie gesetzt wurden.

Am 19. Oktober 1918 machte die Leitung der Daimler-Motorengesellschaft der O.H.L. den Vorschlag, den »Marienwagen III« mit einem reinen Gleisketten-Laufwerk einzuführen. Es gelang ihnen jedoch bis zum Kriegsende nicht, die O.H.L. von dieser Lösung für einen Gelände-LKW zu überzeugen.

Dasselbe Fahrzeug von der Seite. Obwohl die Geländewagen mit 8-t-Nutzlast gegenüber den handelsüblichen Lastkraftwagen wesentlich mehr transportieren konnten, waren sie durch die zweiteilige Pritsche für lange und sperrige Güter ungeeignet.

Für die Fahrt in den Wäldern und »Zur Sicherung gegen Zerreißen von Telegrafendrähten« erhielten die Geländewagen Führungsschienen, hier am Wagen 514 gezeigt.

Raupenlastwagen der AKK (R) 1111, die im März 1918 bei Wavrin (Nordfrankreich) im Rahmen der 18. Armee zum Einsatz kamen.

Der Gelände-Lastkraftwagen (auch Raupenlastwagen) hatte einen zehnmal größeren Benzinverbrauch als die Armee-Lastkraftwagen, die mit 4 Tonnen Nutzlast die Hälfte der Nutzlast transportierten. Ein beladener Geländewagen der AKK (R) Nr. 1111 beim Verlassen der Fahrbahn.

Einer der Geländewagen der 18. Armee.

Geländewagen an der Westfront 1918 beim Transport von Granaten für die leichte Feldartillerie. Die Soldaten bezeichneten die Fahrzeuge als »Munitions-Tanks«.

Bei einer Zugkraft von 15 Tonnen lag es nahe, die Geländewagen als Bergefahrzeuge für die Sturm-Panzerkraftwagen A7V einzusetzen. Die hohe Zugleistung ließ die Fahrzeuge aber auch für die schwere Artillerie interessant werden. So forderte die Artillerie-Prüfkommission im Frühjahr 1918 einen Geländewagen an und unterzog diesen zahlreichen Versuchen. Nach deren Abschluß wurde das Fahrzeug dem Fußartillerie-Regiment in Opladen übergeben. Bis zum Kriegsende konnten sich jedoch die Kräfte in der Armeeführung durchsetzen, die am Pferd als Zugmittel festhielten.

Zwar müssen vom Gelände-Lastkraftwagen »Orion« bei der Firma Deutsche Zugmaschinen GmbH in Halle/Saale mindestens 12 Stück gebaut worden sein, über einen Einsatz beim Heer ist jedoch nichts bekannt. Das für einen Panzeraufbau konstruierte Laufwerk mit Schreitkufen erfüllte jedoch nicht die Vorstellungen der Verkehrstechnischen Prüfungskommission des Preußischen Kriegsministeriums, als es vom 07. bis 14. Mai 1917 in Mainz-Erbenheim auf dem Übungsgelände Mainzer Sand bei Fort »Bieler« vorgeführt wurde.

Das Fahrgestell der Firma Dürkopp-Werk AG in Bielefeld war zur Aufnahme eines Panzerkastens entwickelt worden. Da jedoch je Seite nur ein Rollenwagen vorhanden war und dieser nur in der Mitte befestigt wurde, konnte das Laufwerk kein zusätzliches Gewicht tragen. Das Fahrgestell soll zu Versuchszwecken dann doch noch mit dem Pritschenaufbau der A7V-Geländewagen ausgerüstet worden sein.

Auch nach der Ablehnung des Fahrgestells beschäftigte sich Dürkopp mit einer Weiterentwicklung. Nachdem das Problem der Rollenwagen-Aufhängung gelöst war, sollen bis Kriegsende noch 10 »Dür«-Lastkraftwagen fertiggestellt worden sein.

Schon am 27. November 1914 hatte Hugo E. Bremer für sein geländegängiges Fahrzeug mit beweglichen Ketten an Auslegern vorn und hinten ein Reichspatent (Nr. 306121) erhalten. Ein Jahr später stellte er dieses Fahrgestell mit einer seitlichen Panzerung vor, das sich auch im schweren Gelände bewegen konnte. Als Kampfwagen wurde das Fahrzeug abgelehnt. Die Grundkonzeption aber schien erfolgversprechend für einen Geländelastwagen zu sein und Bremer wurde angeregt, einen Munitionslastwagen zu entwickeln. Aber außer einem Armee-Lastkraftwagen 4 t wurde Bremer nichts zur Verfügung gestellt. Diesen rüstete er mit einem Kettenlaufwerk je Achse aus und stellte ihn als »Bremer-Wagen« vor. Daraufhin erhielt er einen Auftrag zur Ausrüstung von weiteren 20 Lkws nach diesem Prinzip. Bremer war aber durch die Materialengpässe nicht in der Lage dazu.

Offiziere der O.H.L. bei der Untersuchung der Geländefahrfähigkeit eines »Marienwagens«.

Ende 1916 wurde die Fertigung des »Bremer-Wagen« nach Berlin-Marienfelde verlegt, da Bremer nicht in der Lage war, die geforderten 20 Fahrzeuge zu liefern. Nach den ersten 15 Fahrzeugen, die bei Daimler als »Marienwagen« fertiggestellt worden waren, wurden kleine Veränderungen an den Laufwerken vorgenommen. Die letzten fünf fehlenden Fahrzeuge und fünf des neuen Auftrages über insgesamt 170 Stück wurden zu Beginn des Jahres 1916 fertiggestellt. Nach dem Anlaufen der zweiten Baureihe wurden sie aber wieder zu normalen Lastkraftwagen umgebaut.

Ein »Marienwagen« während der Vorführung Anfang Mai 1917 im Mainzer Sand.

Von den 170 bestellten »Marienwagen II« sollen 44 fertiggestellt worden sein, aber nur ein Versuchsfahrgestell hatte an beiden Achsen ein Ketten-Laufwerk. Die anderen hatten eine normale Vorderachse.

Dem Vorschlag der Daimler-Motoren-Gesellschaft in Stuttgart-Untertürkheim, Werk Berlin-Marienfelde zur Schaffung des »Marienwagen III« zu installieren, wurde durch die Oberste Heeresleitung keine Beachtung geschenkt.

Ohne Kettenschlepper geht nichts mehr

Aufgrund der Beschränkungen des Versailler Vertrages von 1919 bis 1923 konnte nur eine geheime Entwicklung von Kettenschleppern erfolgen. Nach Aufhebung des Verbotes entstanden bei den deutschen Firmen zahlreiche »Landwirtschaftliche Schlepper«, die auch zum Ziehen schwerer Lasten der Armee geeignet waren. So entstanden Schlepper bei folgenden Firmen:

- Automobilwerk H. Büssing AG (ab 1930 Büssing NAG, Vereinigte Nutzkraftwagenwerke AG) in Braunschweig und Elbing (1919-1936);
- Rheinische Automobil- und Motorenfabrik AG, Abteilung Benzwerk in Gaggenau (1919-1926);
- Daimler-Benz AG in Stuttgart-Untertürkheim (1926-1935);
- Deutsche Zugmaschinen GmbH in Halle/Saale (1912-1924);
- Dürkopp-Werke AG in Bielefeld, bei der Loebwerke AG (ab 1920 Dinos Automobilwerke AG) in Berlin-Charlottenburg und Hohenschönhausen;
- Motorpflugfabrik Paul H. Podeus (ab 1922 Maschinenfabrik Podeus AG) in Wismar (1912-1926);
- Pöhl-Werke AG in Gößnitz (1911-1932);
- Karl Ritscher GmbH (ab 1928 Moorburger Treckerwerke GmbH, ab 1935 Karl Ritscher Moorburger Treckerwerke GmbH) in Hamburg-Moorburg (1920-1945);
- Schröder & Wurr in Berlin (1918-1927) und Hamburg (1937)

sowie bei einigen anderen kleinen Firmen, die jedoch nur Einzelstücke fertigten.

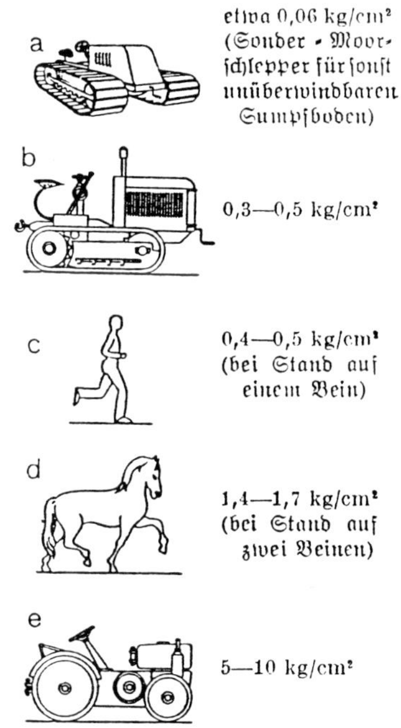

Ungefähre Bodendrücke in Kilogramm je Quadratzentimeter

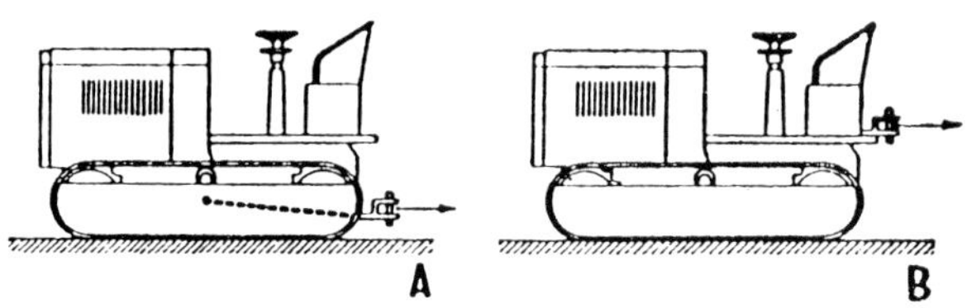

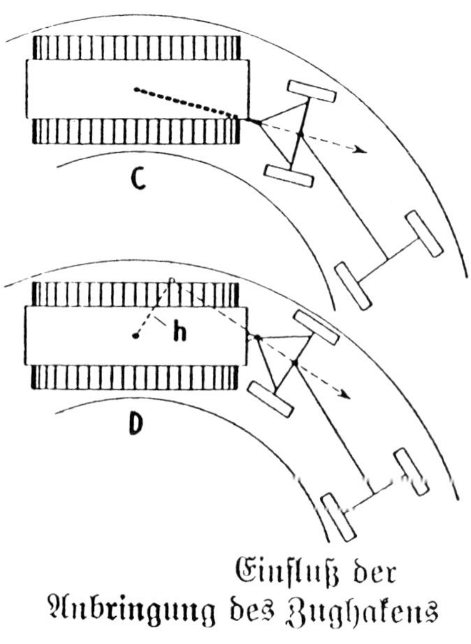

Einfluß der Anbringung des Zughakens

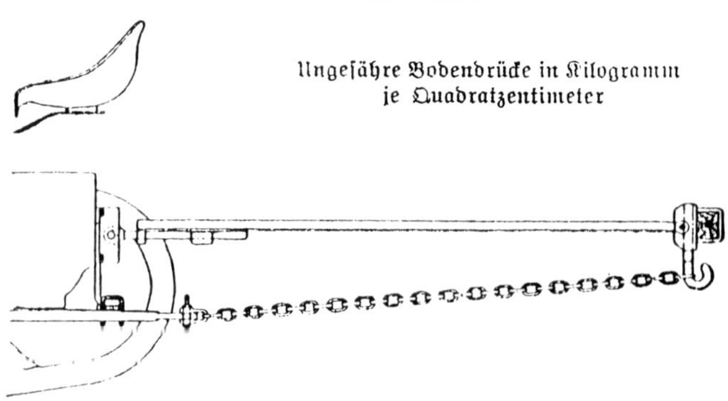

Die Motorpflugfabrik Paul H. Podeus in Wismar fertigte ab 1919 eine Vollketten-Zugmaschine nach der Vorstellung des Oberingenieurs Joseph Vollmer mit 45 PS und verwendete erstmals die Bezeichnung »Raupenschlepper«, die von der Industrie und der Landwirtschaft schnell aufgegriffen und für alle Kettenschlepper vereinheitlicht wurde.
1926/27 erhielten u. a. die 2. Kompanie der Kraftfahrabteilung 6 und die 3. Kompanie der Kraftfahrabteilung 7 der Reichswehr Raupenschlepper zur Geländefahrausbildung.
Im Jahre 1927 begannen bei der Reichswehr Versuche für die Verwendung von Vollkettenschleppern als Selbstfahrlafetten. Besonders der W.D.-Raupenschlepper der Deutschen Kraftpflug-Gesellschaft Berlin wurde von Rheinmetall-Borsig für die Ausrüstung mit einem Geschütz untersucht.
Neben dem größten Anbieter von Kettenschleppern, der Hannoverschen Maschinenfabrik AG (HANOMAG), trat ab 1927 als gleichwertiger Konkurrent die Firma Linke-Hofmann-Werk AG (LHW) aus Breslau (ab 1929 Linke-Hofmann-Busch AG) auf den Markt. Der führende Konstrukteur der LHW Stumpf stammte ursprünglich von HANOMAG.
Der von der LHW angebotene Vollkettenschlepper mit 50 PS war nach Ansicht des Heereswaffenamtes, Waffenprüffeld 6 für den Umbau als Selbstfahrlafette wenig geeignet, da er zu hoch und zu breit war. Außerdem besaß er keine ausreichende Geländegängigkeit.
Die Führung des Amtes legte am 14. März 1928 in einer Weisung fest, daß in den folgenden drei Jahren für die Truppenübungsplätze je acht Raupenschlepper beschafft werden sollten.

Büssing baute schon im letzten Kriegsjahr die Landwirtschaftliche Zugmaschine LZM, die aus den Untersuchungen des A7V-Geländelastwagens hervorging. Nach dem Kriege wurde das Laufwerk etwas geändert.

Deutsche Kraftpflug-Gesellschaft m. b. H.

WD Schlepper

BERLIN W 35, Kurfürstenstraße 56

WD-Raupenschlepper

Fabrikat der „Hanomag"

Hannoversche Maschinenbau-Aktienges. vormals Georg Egestorff.

Unser WD-Schlepper, von der Hanomag (Hannoversche Maschinenbau-A.-G. vorm. Georg Egestorff, Hannover) gebaut, ist

die Universal-Zugmaschine der Industrie!

Der WD-Schlepper, dessen Einführung eine **Umwälzung des Transportmittelwesens** im Großindustrie-Betriebe bedeutet, **ersetzt** — bei beträchtlich niedrigeren Anschaffungskosten — **Spill-** u. ähnliche **stationäre Verholanlagen, macht** — infolge wesentlich geringeren Betriebsmittelverbrauchs (keine Gummibereifung, sparsamster Öl- u. Brennstoffkonsum) **den internen Lastautobetrieb überflüssig.**

Schon während des Ersten Weltkrieges hatte der Oberingenieur Joseph Vollmer einen Kettenschlepper entworfen. Nach dessen Vorbild fertigte Podeus im Jahre 1919 ein Fahrzeug mit 45 PS, das als »Raupenschlepper« bezeichnet wurde. Ein Begriff, der in der Folgezeit in Deutschland für alle Kettentraktoren verwendet wurde.

Ebenfalls eine Konstruktion nach den Vorstellungen von Vollmer war der Hanomag-Kettenschlepper Z 25 WD (Wendeler, Ernst - Ingenieur bei Hanomag/Dohrn; Boguslaw - ein Landwirt, der mit Wendeler einen Tragpflug entwickelt hatte) mit 25 PS aus dem Jahre 1919. Nach der Aufhebung der Beschränkungen des Versailler Vertrages wurde der Z 25 in großen Stückzahlen hergestellt. Ab 1924 fertigte die Hannoversche Maschinenbau AG (Hanomag), vorm. Georg Egestorff in Hannover-Linden die größere Ausführung Z 50 WD mit 50 PS. Beide Fahrzeugtypen, die durch die deutsche Kraftpflug-Gesellschaft mbH in Berlin vertrieben wurden, liefen zu Versuchen bei der Reichswehr.

Dürkopp stellte 1924 seinen »Cromfräsch«-Raupenschlepper mit 50 PS vor, der von der Firma Cromfräsch in Berlin unter der Leitung des Direktors Walter Göldner entwickelt worden war. Da er speziell für sumpfiges Gelände konstruiert war und einen sehr geringen Bodendruck bei relativ großer Zugkraft besaß, zog die Reichswehr-Führung diesen Schlepper für die leichte Feldartillerie in Betracht.

Am 24. Mai 1929 wurde das Waffenprüffeld 6 der Heeresversuchsstelle Kummersdorf beauftragt, die von der Industrie angebotenen Kettenschlepper zu untersuchen, um eine geeignete »schwere Zugmaschine für die gezogene schwere Artillerie und die schwere Heeresflak zu finden, falls keine andere Lösung für die motorisierte Bewegung, z. B. durch die Teilung der Lasten, gefunden wird«. Mit der Entscheidung, Halbketten-Zugkraftwagen zu verwenden, wurden die Versuche dazu jedoch eingestellt.

Für die Fahrausbildung in KAMA, einem Ausbildungsplatz in der Nähe von Kasan (Rußland), wurden ab 1929 W.D.-Schlepper mit 35 und 55 PS zur Verfügung gestellt. Außerdem befand sich in KAMA ein Raupenschlepper aus der Gutehoffnunghütte Dortmund.

Für die Untersuchung von gefederten, gummibewehrten Laufwerken wurde bei der Kraftfahrversuchsstelle Kummersdorf der Koen-Schlepper getestet. Ebenfalls fanden um 1930 Versuche mit Vollkettenschleppern von Caterpillar statt.

In einem Zwischenbericht des H.W.A. vom 01. Januar 1930 wurde eingeschätzt, daß die Einführung von Kettenschleppern für die leichte und die mittlere Artillerie sowie für die Pioniere in Betracht käme.

Schon 1932 begann die Linke-Hofmann-Busch AG mit der Fertigung von Raupenschleppern. 1935 gab die LHB die Fertigung der Raupenschlepper an die Junkers-Werke ab. Als Fahrzeug-und Motorenwerke GmbH (FAMO) wurde die Produktion des leichten Raupenschleppers »Boxer« und des mittleren »Rübezahl« bis 1944 durchgeführt. Ab 1940 stellte das Werk auch einen schweren Kettenschlepper mit 100 PS her, der zunächst als »Junkers-Raupe«, später aber als FAMO »Riese« bezeichnet wurde.

Der Kettenschlepper LHW mit 50 PS der Firma Linke-Hoffmann-Werke AG in Breslau wurde von der Reichswehr ab 1927 als Zugmittel für die leichte Feldartillerie eingeführt. Die von 1927 bis 1929 gebauten Schlepper hatten Lenkknüppel und die ab 1929 ein Lenkrad.

Die Firma Linke-Hofmann-Busch AG in Breslau baute ab 1932 den Raupenschlepper »Boxer« zwischen 40 und 50 PS. Im Jahre 1935 wurde der Bereich des Maschinen- und Werkzeugbaus der LHB an die Junkers-Flugzeug- und Motorenwerke AG (Hauptsitz in Dessau) verkauft und als Fahrzeug- und Motorenbau GmbH weitergeführt. Der FAMO »Boxer« wurde bis Ende 1944 gefertigt. In die deutsche Wehrmacht wurde er in großer Stückzahl als »Leichter Raupenschlepper Famo, Typ Boxer« eingeführt.

Mit der Herbstbestellung

werden Sie rechtzeitig fertig, wenn Sie den

Großkraftschlepper

Rübezahl

verwenden.

Tagesleistung

70 Morgen	Schälen	2 — 3	Zoll
30 „	Saatfurche	8 — 10	„

Rübezahl wurde von der Deutschen Landwirtschafts-Gesellschaft auf Grund der Prüfung Köln 1930 mit der **„Silbernen Preismünze“** ausgezeichnet

Rübezahl wird auch mit Dieselmotor 55 PS eff. geliefert

LINKE-HOFMANN-BUSCH-WERKE

AKTIENGESELLSCHAFT WERK BRESLAU

LHB

Als »Mittlerer Raupenschlepper Famo, Typ Rübezahl« führte die Wehrmacht den von 1932 bis 1944 im Breslauer Werk gebauten Raupenschlepper »Rübezahl« ein. Bei einer Leistung von 65 PS konnte er eine Anhängelast bis 6000 kg ziehen.

Mit einer Leistung von 100 PS galt der ab 1940 in Breslau gebaute FAMO »Riese« als »Schwerer Raupenschlepper Famo, Typ Riese«. Ursprünglich wurde er als »Junkers-Raupe« zum Export angeboten, nach den ersten Konfrontationen mit dem russischen Schlamm im Spätherbst 1941 wurde der Verkauf ins Ausland unterbunden.

Die Carl Kaelble GmbH in Backnang begann 1939 mit der Produktion eines 130 PS starken Kettenschleppers. Die Fertigung dieser Fahrzeuge lief schließlich bis zum Kriegsende.
Im Jahre 1921 wurde bei der Firma Heinrich Lanz oHG (ab 1925 Heinrich Lanz AG) die Herstellung des 55-PS-Schleppers Lanz-Bulldog begonnen. Durch die Verwendung des Glühkopfprinzips für den Ein-Zylinder-Motor wurde der Kettenschlepper zum robustesten und zuverlässigsten Traktor, den die Wehrmacht einführte. Bis Kriegsende entwickelte sich die Firma Lanz zum größten Hersteller von Raupenschleppern. So wurden bis 1945 vom Lanz-Bulldog insgesamt 2427 Stück hergestellt.
Bei Kriegsbeginn wurden zahlreiche Kettenschlepper von der Landwirtschaft übernommen und der Truppe als Zugmittel für schwere Lasten und für den Bau von Befestigungsanlagen zur Verfügung gestellt. Den überwiegenden Teil der requirierten Schlepper erhielt jedoch die Luftwaffe als Zugmittel auf Feldflugplätzen.
Nach den ersten Konfrontationen mit der »Schlammperiode« im Herbst 1941 in Rußland, bei der gravierende Probleme beim Transport und beim Nachschub auftraten, wurde durch die Führung des Heeres verstärkt die Zuführung von Kettenschleppern gefordert. Als Mindestbedarf wurde dabei die sofortige Übernahme von 365 gepanzerten Schleppern und 305 Gleisketten-Zugmaschinen erwartet. Auch wurde in Betracht gezogen, analog der T34-Produktion russische Traktorenwerke zu erobern und die Fertigung von Kettenschleppern für die Wehrmacht fortzusetzen. Zunächst blieb es aber nur bei der vom Oberkommando der Wehrmacht geforderten Durchsetzung der »Richtlinien für die Durchführung der Versorgung bei kommenden Operationen« vom 19. September 1941, die festlegte: »Die russischen Traktoren, sogenannte »Stalin-Schlepper«, sind im weitestgehenden Maße als Vorspannfahrzeuge bzw. zum Abschleppen einzustellen«.
Das H.W.A. nahm 1942 insgesamt 2312 Kettenschlepper ab, 929 Stück kamen von HANOMAG. Die monatliche Schlepperfertigung für das Jahr 1943 sollte 344 Stück betragen, und im Juli 1943 wurde tatsächlich eine Produktion von 316 Stück erreicht. Im August 1943 wurden jedoch insgesamt nur 199 Stück fertiggestellt. Besonders nachteilig wirkte sich auf die Fertigungszahlen die Festlegung des Reichsministers für Bewaffnung und Munition Albert Speer vom 14. August 1942 aus. In ihr hieß es: »Ca. 30 Fabriken für Straßen- und Ackerschlepper werden stillgelegt, die Arbeitskräfte gehen in andere Betriebe, um dort die Produktion zu erhöhen«. Damit wurde eine Forderung gestellt, die es unmöglich machte, die notwendigen Ausstoßzahlen zu erreichen.
Da abzusehen war, daß auch im Herbst 1943 die Zugtraktoren nicht ausreichen würden, wurde durch das O.K.W. am 18. September 1943 festgelegt, daß alle in der Wehrmacht vorhandenen russischen Kampfwagen KW I auf den Marschstraßen als Zug- und Bergemittel einzusetzen waren.

In der Reichswehr unterteilte man die Vollketten-Zugmaschinen in:
leichte Kettenschlepper, Hubraum bis 4000 ccm, max. 25 PS;
mittlere Kettenschlepper, Hubraum bis 5000 ccm, max. 40 PS und
schwere Kettenschlepper, Hubraum über 5000 ccm, über 40 PS.

In der Wehrmacht unterteilte man in:
leichte Kettenschlepper, Hubraum bis 5500 ccm, max. 45 PS;
mittlere Kettenschlepper, Hubraum bis 9000 ccm, max. 65 PS und
schwere Kettenschlepper, Hubraum über 9000 ccm, über 65 PS.

Ab 1933 baute Hanomag die Raupe K 50. Die Fertigung lief bis in die Nachkriegszeit. Sie galt als äußerst robust und war nahezu an allen Fronten vorzufinden. Mit 50 PS Leistung wurde sie als »Mittlerer Raupenschlepper Hanomag, Typ KV 50« eingestuft. Die Abbildung zeigt ein Fahrzeug, das für die Straßenfahrt mit gummigepolsterten Ketten ausgerüstet wurde.

Der Hanomag KV 50-Schlepper in der H.Dv. 471: 1 = Tragerahmen für die Laufrollen, 2 = Leitrad, 3 = Kettenspannfeder, 4 = Abscherbolzen, 5 = Nachspannschraube für die Kette, 6 = Stützachse, 7 = Antriebsart, 8 = Abschmiernippel für die Laufrollen, 9 = Gleiskette, 10 = Anhängezugvorrichtung.

HANOMAG
Hanomag-Schlepper
für die Landwirtschaft
50 PS Raupenschlepper
38 PS Radschlepper
20 PS Bauernschlepper
Für schwere oder druckempfindliche Böden ist der zugfeste Hanomag-Raupenschlepper die richtige Maschine. Auch in der Forstwirtschaft ist er der unverwüstliche Helfer. Seine Hauptvorzüge sind:
große Arbeitsleistung
geringer Betriebsstoffverbrauch
beste Wendefähigkeit
HANOMAG
HANOMAG
HANNOVER

Ein Kettenschlepper Hanomag KV 50 demonstriert die Fahrfähigkeit im Gelände.

Rußland, Winter 1942/43. Ein Raupenschlepper Hanomag KV 50 einer Panzerjäger-Kompanie als Zugmittel für die 7,62-cm-Panzerabwehrkanone 36 (r) L/51,1.

HEINRICH LANZ MANNHEIM
AKTIENGESELLSCHAFT

Der Ein-Zylindermotor mit Glühkopfzündung der 55-PS-Raupe der Firma Heinrich Lanz oHG (ab 1925 AG) wurde zum zuverlässigsten Motor unter den verschiedenen Bedingungen an den Fronten. Der »Mittlere Raupenschlepper Lanz-Bulldog, Typ D 1561« wurde dadurch auch zur meistgebauten Raupe des Zweiten Weltkrieges.

Ein Lanz-Bulldog zeigt, wie sich das Laufwerk im Gelände verschränkt.

Bei dieser Aufnahme ist deutlich der Glühkopf des Lanz-Bulldog erkennbar. Typisch für ihn sind auch die Schwungscheibe an der rechten Seite des Motors und die Form des Auspuffs.

Schon Anfang der 30er Jahre wurden durch das Heereswaffenamt, Inspektion für Waffen und Gerät, verschiedene in- und ausländische Schlepper angekauft und untersucht. Im Herbst 1933 wurden u. a. von der britischen Firma Vickers-Armstrong Ltd. in Newcastle ein Nachschubfahrzeug (oben) und ein Artillerieschlepper (unten) erworben.

Während des Frankreich-Feldzuges im Mai 1940 erbeutete die Wehrmacht eine Anzahl der Canon de 194 mle. GPF sur Chenilles«, die als »19,4-cm-Kanone GPF (f) in Sf. Schneider 485 (f)« weiterverwendet wurden. Jedes Geschütz bestand aus einem Geschütz- und einem Generatorwagen.

Der Antrieb des Geschützwagens erfolgte durch das Stromversorgungskabel der Zugmaschine. Hier ein »Schneider-Tracteur« beim Überqueren einer Sturmbrücke, die von einer deutschen Pionierbrückenkolonne errichtet wurde.

Der benzin-elektrische Generatorschlepper der Firma Schneider et Cie in Le Creusot war gleichzeitig Munitionsfahrzeug. Die Abbildung zeigt Geschützzüge der II. Abteilung des schweren Heeres-Artillerie-Regiments 84 im Sommer 1942 in Rußland.

Eines der Geschützzüge des II./84 auf dem Marsch in die vorbereitete Feuerstellung. Bei einer maximalen Geschwindigkeit von 12 km/h auf ebenen Fahrbahnen konnte eine Verlegung im offenen Gelände ohne entsprechende Tarnung kaum erfolgen.

Zu Beginn des Rußland-Feldzuges besaß die Rote Armee über 150.000 Kettenschlepper. Dazu gehörte der ab 1937 gefertigte STZ-NATI 1 TA. Er hatte einen Vier-Zylindermotor mit 52 PS und war vorwiegend bei den leichten Artillerieeinheiten im Einsatz. Aber auch über 200.000 zivile Kettentraktoren waren für den Einsatz bei der Landwirtschaft in den Fuhrparks der Kolchosen vorhanden. Trotzdem fiel nur eine geringe Anzahl in deutsche Hände. Die meisten der Raupen, die beim Rückzug nicht mitgenommen werden konnten, wurden zerstört. Die wenigen, die noch fahrbereit waren oder gemacht werden konnten, liefen in den deutschen Einheiten vor allem bei den Nachschubtruppen.
Einsatz eines »Schweren Raupenschleppers St (r), Typ SG 65« während der Schlammperiode im Frühjahr 1942, um einen liegengebliebenen Lastkraftwagen Krupp LD 6,5 abzuschleppen.

Die russische Raupe auf einer aufgeweichten Marschstraße in Rußland beim Abschleppen von Nachschub-Lkw's Typ Opel-Blitz 3 t einer Flak-Abteilung.

Die Masse der schweren Geschütze der russischen Artillerie wurde durch Raupenschlepper vom Typ S 60 und S 65 gezogen. Hier ein liegengebliebener Traktor S 65 »Stalinetz« mit 152-mm-Haubitze (Modell 1937) - deutsche Bezeichnung »15,2-cm-Kanonenhaubitze 433/1 L/28«.

Soldaten einer Versorgungseinheit vor ihrem »Schweren Raupenschlepper St (r), Typ Stalinez 65«. Im Vergleich zur Größe der Personen war die Raupe gewaltig.

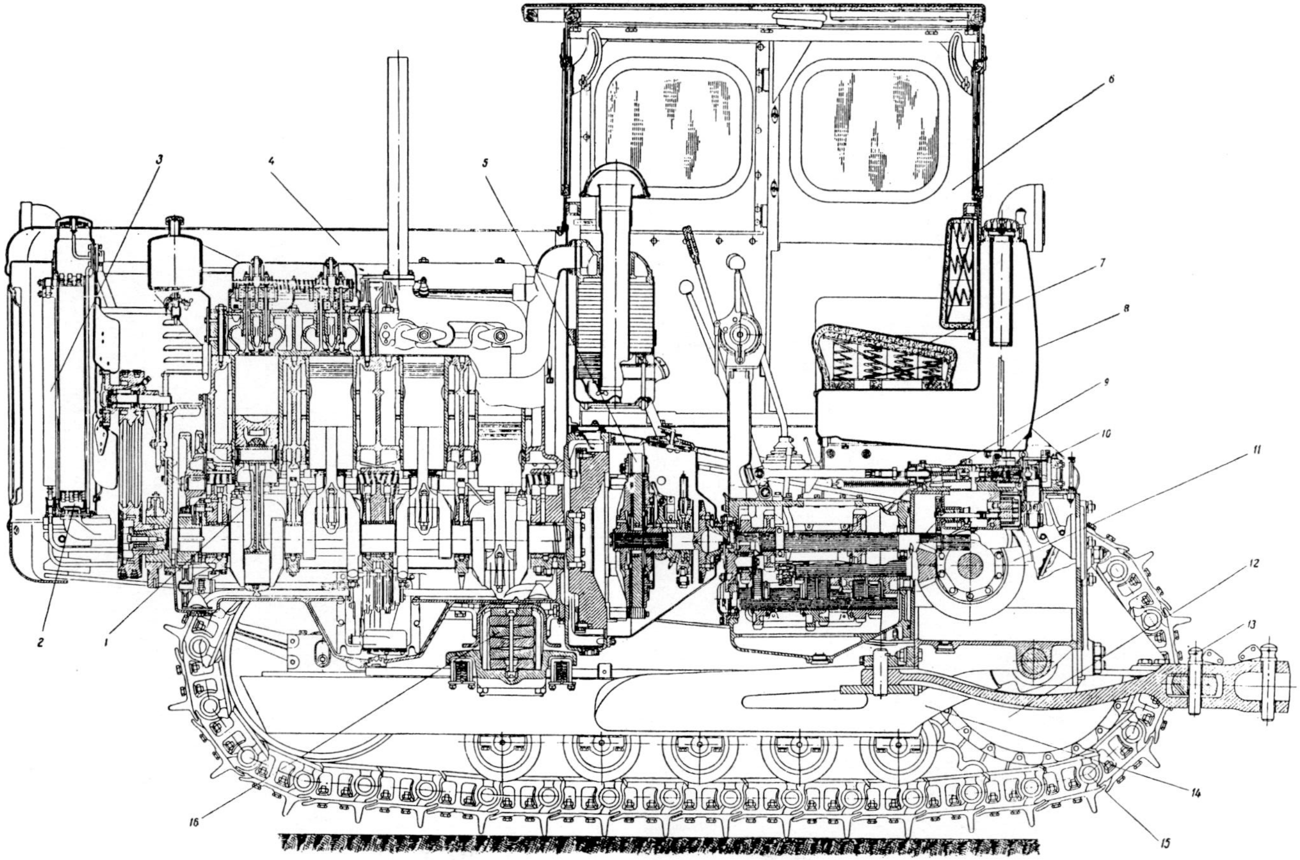

Längsschnitt des Traktors

1 — Motor; 2 — Wasserkühler; 3 — Ölkühler; 4 — Haube; 5 — Kupplung; 6 — Fahrerhaus; 7 — Sitz; 8 — Kraftstoffbehälter; 9 — Wechselgetriebe; 10 — Servomechanismus; 11 — Lenkkupplungen; 12 — Seitenvorgelege; 13 — Zugvorrichtung; 14 — Laufwerk; 15 — Gleiskette; 16 — Querschwingfeder

Traktor St 65 (r) beim Einsatz im Frühjahr 1942.

Die Belorussischen Sümpfe waren ganzjährig nur mit Kettenfahrzeugen befahrbar.

Ein »Stalinez« beim Schleppen einer mit Lastkraftwagen 2,5 t Ford BB ausgerüsteten Kraftfahrkompanie.

Eher eine Ausnahme war die Verwendung von Kettentraktoren bei den pferdebespannten Trossen. Hier ein St 65 (r) mit sechs leichten Heeres-Feldwagen Hf. 1.

Teile der Panzergrenadier-Division »Großdeutschland« beim Überqueren des Dnjepr im Frühjahr 1944. Eine erbeutete Raupe führt eine Kolonne der Kraftfahrparktruppe an.

Einer der wenigen Beute-Kettenschlepper, die nach drei russischen Schlammperioden im Frühjahr 1944 immer noch im Einsatz waren. Ein St 65 (r) beim Ziehen einer Kolonne, die mit Lastkraftwagen Opel-Blitz 3 t ausgerüstet ist, durch ein ostpolnisches Dorf.

Der schnelle Vorstoß der deutschen Truppen im Juni 1941 ermöglichte es der Roten Armee nicht, die durch technische Ausfälle und Feindeinwirkung liegengebliebenen Fahrzeuge zu bergen. Zum Teil herrschte auf den Rückzugsstraßen totales Chaos. Hier fuhr ein getroffener T34 (Modell 1939) auf einen Artillerietraktor STZ-5-2TB auf.

Bei der deutschen Wehrmacht liefen die erbeuteten Fahrzeuge als »Leichte Artillerieschlepper St 3-601 (r)«. Mindestens ein St 3 (r) wurde nach Kummersdorf zur Heeresversuchsstelle für Panzer und Motorisierung (Verskraft) gebracht und untersucht. Die Abbildung zeigt das »Fahrzeug 328« im April 1942 links hinter einem »Panzerspähwagen BAF-203 (r)« - »Fahrzeug 301« der Verskraft.

Ein Kettenschlepper bei der »Organisation Todt«. Das vordere Fahrzeug trägt die Aufschrift »Wüstenschiff«, Minsk 1942.

Mit 50 PS Leistung erreichte der St 3 (r) eine Zugkraft von 6000 kg. Hier ein Fahrzeug im Frühjahr 1942 vor einem Opel-Blitz 3 t.

Ein Kettenschlepper als Werkstattfahrzeug bei einer Flak-Abteilung der Waffen-SS.

Die russischen Fahrbahnen waren in den Übergangsperioden nur noch mit Kettenschleppern passierbar.

Rußland war im Frühjahr und im Herbst ohne leistungsfähige Raupenschlepper unbezwingbar.

Ein St 3 (r) beim Abschleppen eines Lastkraftwagen 2,5 t Austo-Daimler ADGR.

Ein Schlepper St 3 (r) zieht einen französischen Lastkraftwagen 3,5 t Renault AHN über einen aufgeweichten Acker in Rußland.

Zerstörter russischer Artillerieschlepper »Komintern«, der als Munitionsfahrzeug bei einer Panzereinheit der Roten Armee im Einsatz war. In der Wehrmacht liefen brauchbare »Komintern« als »Schwere Artillerieschlepper KhTZ-604 (r)«. Hinter dem Schlepper stehen zwei leichte Panzer BT-7 (Modell 1935) - deutsche Bezeichnung »Panzerkampfwagen BT-742 (r)«.

Obwohl der »Praga« mit 70 PS in die Klasse der mittleren Traktoren gehörte, wurde er als »Leichter Raupenschlepper Praga, Typ T3« eingeführt. Dies wird mit Sicherheit an der geringen Zugkraft von maximal 3000 kg gelegen haben. Insgesamt belief sich aber die Fertigungsanzahl auf nur 126 Stück, von denen der überwiegende Teil dem deutschen Heer übergeben wurde.

Ebenfalls in der Prager Fabrik »Ceskoslovenske Kolben Danek« wurde der »Schwere Raupenschlepper Praga Typ T6« mit 94 PS gefertigt. Obwohl er vorwiegend für die verbündeten Armeen bestimmt war, lief ein Großteil bei der Wehrmacht. Ein Teil der Produktion war von der SS-Führung in Auftrag gegeben worden. So wurde im September 1942 eine Anforderung über 500 T6 an die Praga-Werke gestellt, die jedoch nicht annähernd geliefert werden konnten. Im Jahre 1943 lieferte CKD 188 T6 aus. Die Waffen-SS erhielt 1944 nur 73 Stück.

Der mit einem 112 PS Motor ausgerüstete »Schwere Raupenschlepper Praga, Typ T7« wurde in Prag von 1938 bis 1943 gefertigt. Die Zugkraft lag bei 6000 kg.

Der zugkräftigste Kettentraktor, der bei der Wehrmacht lief, war der »Schwere Raupenschlepper Praga, Typ T9«. Er hatte einen 40-PS-Motor und eine Zugkraft von 9500 kg, konnte aber auch zum Ziehen von Lasten bis 15.000 kg eingesetzt werden. Der Produktionsumfang blieb aber auf 76 Stück begrenzt. Im Tandemzug schleppen ein Zugkraftwagen 12 t DB 10 Sd.Kfz. 8 und ein Praga T9 ein mit Lastkraftwagen beladenes Großraumflugzeug Me 323/D-2.

Speziell für die Ostfront entwickelt und gebaut - der Raupenschlepper »Ost«

Schon bei der Auswertung des Ersten Weltkrieges kam die militärische Führung zur Schlußfolgerung, daß auf die Einführung von »Geländelastkraftwagen« nicht verzichtet werden konnte. Die Forschungs- und Entwicklungsarbeiten sowie die Untersuchungen über eine mögliche Ausrüstung des zukünftigen Heeres in den dreißiger Jahren unterstützte diese Erkenntnis noch. Jedoch zeigten die ersten Erprobungen verschiedenster Laufwerksarten, daß die Ausrüstung von Lastkraftwagen mit einem Halbketten-Fahrwerk vorläufig für die zu bewegenden Lasten völlig ausreichten.
Mit der Übernahme der Vollkettenschlepper aus dem Bestand des tschechoslowakischen Heeres im Jahre 1938 wurde die Frage über die Notwendigkeit solcher Fahrzeuge erneut gestellt. Die Heeresversuchsstelle Kummersdorf wurde beauftragt, Untersuchungen über die Effektivität dieser Zugmittel durchzuführen. Obwohl sie als Schlepper für schwere Lasten bei den unterschiedlichsten Geländebedingungen überzeugten, wurde schließlich aus Kostengründen zunächst auf eine prinzipielle Ausstattung der Heeres-Versorgungseinheiten verzichtet. Immerhin lagen die Beschaffungskosten für Lastkraftwagen mit vergleichbarer Transport- und Anhängelast um mehr als die Hälfte niedriger als für die Schlepper. Generelles Interesse am Bau von Vollketten-Zugmitteln bezeugten dagegen die Führungen der Waffen-SS und der Organisation Todt.
Einen erneuten Anstoß zu Überlegungen über den Nutzen derartiger Kraftfahrzeuge verursachte das zahlreiche Auftreten von Kettenschleppern beim deutschen Vormarsch in Rußland im Sommer 1941 auf der gegnerischen Seite und bei der Auswertung der Untersuchungsberichte der nach Deutschland überführten russischen Artillerieschlepper. Rußland hatte nahezu die gesamte motorisierte Artillerie mit Gleiskettenschleppern ausgerüstet. Besonders die leichte Ausführung, die im wesentlichen nur eine Ausrüstung eines Lastkraft-

Der erste Prototyp des »Raupenschlepper Ost« war noch mit Stahlblech-Scheibenrädern ausgerüstet. Bei den Fahrversuchen auf dem Testgelände des Steyr-Werkes im Frühjahr 1942 entsprach der Schlepper den Erwartungen, nur die geringe Bodenfreiheit wurde bemängelt.

Um die Bodenfreiheit zu vergrößern, wurden verschiedene Laufrollen getestet. Hier ein Versuchsfahrzeug mit Stahlguß-Speichenrädern.

Neben verschiedenen Laufrollentypen wurden auch Versuche mit breiteren Ketten durchgeführt.

Für die Gebirgstruppen liefen Versuche zur Entwicklung eines kleineren »Raupenschlepper Ost« mit abklappbarem Fahrerhaus. Für das Serienfahrzeug fiel die Entscheidung auf gelochte Blech-Scheibenräder, mit denen eine Bodenfreiheit von 550 mm erreicht wurde.

wagen-Aufbaues mit einem Gleisketten-Fahrwerk bedeutete, zeigte eine gute Zugfähigkeit bei relativ großer Ladekapazität.

Im Spätherbst 1941 blieb die deutsche Armee förmlich über Nacht im Schlamm stecken, als die wenigen bestehenden Fahrwege Rußlands grundlos wurden und nahezu alle Räderfahrzeuge bis zu den Achsen versanken. Zeitweise brach der Nachschub völlig zusammen. Die Verlegung schwerer Waffen und Geräte wurde unmöglich, und nur die Ketten- und Halbkettenfahrzeuge blieben noch beweglich. Eiligst wurden alle brauchbaren, erbeuteten russischen Schlepper auf den wichtigsten Verbindungswegen zum Einsatz gebracht. Sie hatten dort den überwiegenden Teil des Transports zu übernehmen und liegengebliebene Kraftfahrzeuge abzuschleppen. Aber das pausenlose Fahren unter kompliziertesten Streckenverhältnissen bei gleichzeitigen Ersatzteilproblemen forderte seinen Tribut. In kürzester Zeit waren auch diese Fahrzeuge völlig verschlissen. Die Zuführung von Raupenschleppern aus Deutschland und aus allen Teilen der besetzten Gebiete brachte nur kurzzeitig eine Entlastung. Nach dem strengen Winter 1941/42 und der im Frühjahr 1942 einsetzenden starken Schneeschmelze stand das deutsche Heer vor dem totalen Zusammenbruch des Nachschubes. Die von der Führung des Heeres schon Ende 1941 erhoffte Entwicklung eines den russischen Bedingungen gerechtwerdenden Zug- und Transportfahrzeuges wurde nun mit Nachdruck gefordert.

Da die unter Druck stehende Fahrzeugindustrie keine Zeit mehr für umfangreiche Experimente und Entwicklungen hatte, beschränkte sich die unter der Leitung von Prof. Dr.-Ing. h.c. Ferdinand Porsche geführte Sonderkommission auf ein von Dipl.-Ing. Hacker von der Steyr-Daimler-Puch AG in Wien vorgeschlagenes Kettenfahrzeug. Dieser Steyr Typ 470 entsprach in seinen Parametern sowie Leistungen den Forderungen des Heeres und war sowohl fertigungstechnisch als auch preismäßig schnell und in großer Stückzahl einführbar. Daß das Fahrzeug sich dabei maximal mit einer Geschwindigkeit von 20-25 km/h bewegen würde, wurde bewußt in Kauf genommen. Es war von vornherein als Raupenschlepper konzipiert.

Nach den Fahrversuchen mit dem Prototyp auf der Teststrecke des Steyr-Werkes Ende April 1942 erwies sich die Bodenfreiheit als zu gering. Um diese zu vergrößern, wurden nun

verschiedene Laufrollen getestet. Am 07. Mai 1942 wurde schließlich gemeldet, daß die Bodenfreiheit von 550 mm erreicht worden sei und nun mit der Großserienproduktion begonnen werden konnte. Auch wenn teilweise davon gesprochen wird, daß Hitler persönlich eine Bodenfreiheit von 600 bis 700 mm gefordert hat, konnte kein Nachweis über tatsächliche Versuche in dieser Richtung gefunden werden.
Als wesentlich komplizierter als ursprünglich erwartet zeigte sich die Aufstellung eines Fertigungsbandes in der Steyr-Daimler-Puch AG, Die »Schlammschlachten« des Spätherbst 1942 mußte das Heer ohne ausreichende Zugmittel überstehen. Bis zur einsetzenden Schneeschmelze im März 1943 erhielt das Heer schließlich 2771 Fahrzeuge.
Bei der Vorführung eines RSO vor Teilen des O.K.W. am 08. Februar 1943 auf der Teststrecke der Heeresversuchsstelle Kummersdorf wurde u. a. die überdurchschnittliche Geländegängigkeit des Fahrzeuges gelobt.
Um die Produktionszahlen wesentlich steigern zu können, wurden die Firmen Auto-Union

Nach anfänglichen Schwierigkeiten beim Anlaufen der Serienproduktion konnten im November 1942 die ersten 76 RSO zur Abnahme bereitgestellt werden.

dessen Produktionskapazitäten die obere Leistungsgrenze erreicht hatten. Erst im November 1942 standen die ersten 76 »Raupenschlepper Ost« zur Abnahme bereit. Im Dezember 1942 lief nun endgültig die Großserienherstellung, und 1378 Fahrzeuge konnten der Truppe noch im selben Jahr übergeben werden. Offiziell wurde er als »Raupenschlepper Ost Steyr-Daimler-Puch A.G. Typ RSO/01« eingeführt. Nach späteren kleineren Änderungen, u. a. wurde eine stärkere Kabinenheizung eingebaut und Schlafmöglichkeiten für Fahrer und Beifahrer eingerichtet, lief er als »Typ RSO/02«. AG, Werk Wanderer in Siegmar-Schönau, Gräf & Stift AG in Wien und Klöckner-Humboldt-Deutz AG, Werk Magirus in Ulm ebenfalls zur Herstellung des RSO verpflichtet. Sie wurden als »Raupenschlepper Ost Klöckner-Humboldt-Deutz A.G. Typ RSO/01« bezeichnet.
Bis März 1945 konnten so insgesamt 27.663 Raupenschlepper Ost hergestellt werden. Durch die laufenden Frontverluste und die verschleißbedingten Ausfälle waren aber immer nur zwischen 7000 und 8000 Fahrzeuge einsatzbereit. Nur im Dezember 1943 wurde diese An-

Die ersten ausgelieferten RSO hatten neben der Aufschrift Leergewicht, Nutzlast und Anhängelast noch das Steyr-Zeichen an den Türen des Fahrerhauses.

zahl mit 10.124 Stück wesentlich übertroffen. Welche Bedeutung das Fahrzeug im Verlaufe des Krieges erreicht hatte, zeigt u. a. die Festlegung des Hauptquartiers vom 26. Januar 1945: »Die Fertigung des Sd.Kfz. 3 'Maultier' muß zugunsten des RSO eingestellt werden«. Dabei kam der RSO in einem Auswertungsbericht vom 04. Dezember 1943 gar nicht so gut weg. In ihm hieß es: »Der Raupenschlepper Ost (RSO) kann lediglich für kurze Fahrstrecken bei Schlamm und Schnee als ausgesprochenes Transportfahrzeug verwendet werden, muß aber auch dann bei längeren Straßenfahrten (Truppenbewegungen) verladen werden. Als Zugmittel ist der RSO völlig ungeeignet, da bei Anhängelast die auftretenden Kräfte die Lenkbremsen in kurzer Zeit so stark verschleißen, daß eine Lenkung nicht mehr möglich ist. Hierbei erweist sich auch das geringe Eigengewicht des RSO als sehr nachteilig. Diese Mängel des RSO dürften auch durch Einbau eines Lenkgetriebes nicht abgestellt werden können«.

Von Anbeginn der Entwicklung wurde die Verwendung eines stark vereinfachten Aufbaus in Betracht gezogen. Die Firma Magirus blieb aber bis Kriegsende die einzige, die bei der Herstellung des »RSO« ein einfaches Fahrerhaus mit abnehmbaren Verdeck verwendete. Im März 1943 legte das H.W.A. die Verwendung des RSO fest. So war er vorerst nur für die Infanterie-Divisionen bestimmt, da besonders große Ausfälle durch den Mangel an geeigneten Zugmitteln bei diesen Einheiten aufgetreten waren. So sollte der RSO als Zugkraftwagen für folgende Waffen verwendet werden: 12-cm schwerer Granatwerfer 42 und 378 (r); 7,5-cm-Panzerabwehrkanone 40; 7,5-cm-Panzerabwehrkanone 41; 15-cm schweres Infanteriegeschütz 33; 10,5-cm leichte Feldhaubitze 18-18 (M) - 18/39-18/40 - 18/42 und 42. Außerdem war sein Einsatz als Krankenkraftwagen, Mannschafts- und Versorgungsfahrzeug innerhalb der Inf.Div. vorgesehen.
Ein Teil der gefertigten Raupenschlepper Ost wurde als Waffenträger mit behelfsmäßig ver-

lasteten Geschützen oder als Panzerjäger-Selbstfahrlafetten genutzt.
Auch gab es Versuche zur Schwimmbarmachung des RSO, von denen im August 1943 nach unbestätigten Angaben einige 100 Stück per Eisenbahn an die Ostfront transportiert wurden.
Weiterhin wurden ein teilgepanzertes Versorgungsfahrzeug und ein Truppentransporter für bis zu 50 Mann fertiggestellt und getestet.

Ein Fahrzeug der frühen Fertigung als Zugmittel für die 10,5-cm-leichte Feldhaubitze 18.

Übernahme von fabrikneuen »Raupenschlepper Ost« durch eine Fronteinheit.

Die zulässige Anhängelast des RSO wurde mit 3000 kg angegeben. Aus Mangel an geeigneten Zugfahrzeugen wurde gelegentlich auch die 3.500 kg schwere Feldhaubitze 18 angehängt.

Zwar lag die Marschgeschwindigkeit mit 15 km/h sehr niedrig, aber der RSO fuhr noch, wenn sich sonst »kein Rad mehr drehte«.

Ein RSO mit Tarnanstrich des Sommers 1943 transportiert Munition.

Aufnahme vom Winter 1943/44. Ein RSO soll einen festgefahrenen, schweren Einheits-Personenkraftwagen Horch 108 abschleppen.

RSO als Zugfahrzeuge für die 10,5-cm-le. F.H. 18/40 im Frühjahr 1944.

Frühjahr 1944. Verlegung einer Artillerie-Abteilung. Ungewöhnlich ist die Verwendung des Protzwagen bei der leichten Feldhaubitze 18 im Kraftzug. Offensichtlich war die Einheit gerade erst vom Pferdezug auf mot. Zug umgestellt worden.

51 704

Kfz: Raupenschlepper Ost (RSO)

Blatt Nr. G 414

in Stück

Geheime Kommandosache

32 Ausfertigungen

Stand 1.10.44

Monat	Fertigungs-Vorschau Wa A	Abnahme Wa A +)	Zugang Jn 12 Neufertg.	Zugang Jn 12 Instandsetzg.	Abgang Jn 12	Bestand Jn 12	Zugang Jn 12 (2)	Verbrauch Front-Verbrauch	Verbrauch Verkauf u.a. Abgaben	Gesamtbestand
						717				7079
Okt. 1943	1200	1133	1355	0	1329	743	1355	440	0	8592
Nov.	800	1101	975	5	872	851	980	391	0	10124
Dez.	900	1066	513	1	1110	255	514	398	0	6297
Jan. 1944	900	1054	474	201	882	48	675	595	0	6377
Febr.	1000	1035	972	5	934	92	978	460	0	6895
März	1000	741	791	1	696	546	792	893	0	6794
April	1000	599	911	3	760	731 °	914	592	0	7116
Mai	800	810	198	0	840	89	198	139	0	7125
Juni	800	1320	1023	0	1019	93	1023	364	0	7834
Juli	900	1223	909	5	625	615 °	914	1668	0	7140 °
Aug.	1000	1045	1346	13	1411	563	1369	567		7932
Sept.	1100	734 +)	529	94	941 +)	245	623			8555
Okt.	1100									
Nov.	1100									
Dez.	1100									
Jan. 1945	1100									
Febr.	1100									
März	1100									
April										
Mai										
Juni										

+) Erläuterungen für den Berichtsmonat

Fertigungs-Vorschau Wa A

Abweichen gegenüber Vormonatsmeldung

Abnahme Wa A

einschl. Abgaben an Stellen außerhalb des Heeres (Verfüg. d. Ch. W K W)

Minderanfall gegenüber Fertigungs-Vorschau Wa A

Fliegerschaden

Zugang Jn 12

außerdem durch Bestandsberichtigung

aus Umbau

aus Beute

für Stellen außerhalb d. Heeres

Abgang Jn 12

105 Nachschub

38 Auffrischung

714 Neuaufstellung

62 Ersatzheer

Wa A (Prüf u. Abn)

22 Stellen außerhalb des Heeres

Bestand Jn 12

Verbrauch

Gesamtbestand

° Bestand berichtigt

Zur Abwehr der drohenden Invasion der Alliierten in Nordfrankreich wurden bewegliche Panzerabwehr-Abteilungen aufgestellt, die z. T. mit RSO als Zugmittel für die Pak ausgestattet waren.

Ein RSO mit aufgesessener Bedienung und 7,5-cm-Pak 40 L/48 zieht durch ein ostpreußisches Dorf.

Ein während der Rückzugsgefechte in Nordfrankreich im Herbst 1944 liegengebliebener RSO. Das Fahrzeug scheint noch intakt zu sein.

Speziell für den RSO wurde der Sonder-Anhänger 1,5 t entwickelt, zu seiner Einführung dürfte es aber kaum gekommen sein. Mindestens zwei dieser Anhänger wurden aber bei der Erprobung des Radschlepper Ost und des französischen Radschleppers Latil verwendet.

Der RSO konnte vielseitig verwendet werden. Teilweise wurden die verschiedensten Geschütze verlastet. Dieser RSO (Versuchsfahrzeug mit Scheibenrädern) transportiert ein 7,5-cm-Gebirgsgeschütz 43.

Der Land-Wasser-Schlepper

Schon im Mai des Jahres 1936 wurde durch das Heereswaffenamt die Entwicklung eines schwimmfähigen Zug- und Transportfahrzeuges, das ohne große Vorbereitung nach dem Landmarsch als Übersetzmittel an Wasserhindernissen eingesetzt werden konnte, gefordert. Ein entsprechender Auftrag wurde dazu vom Heereswaffenamt/Waffenprüffeld 5/III an die Firma Rheinische Metallwaren und Maschinenfabrik AG in Düsseldorf erteilt.
Die ersten Fahrzeuge waren schon im Jahre 1939 einsatzbereit, zwei weitere Prototypen sollen versuchsweise am ostpolnischen Fluß Bug eingesetzt worden sein.
Bis zum Juli 1940 konnten sieben Vorserienfahrzeuge auf der Boizenburger Binnenwerft fertiggestellt und getestet werden. Sie wurden zunächst unter einem Kommando des Heereswaffenamtes zur Erprobung nach Putbus gebracht und danach nach Le Havre. Dort nahmen sie an den Vorbereitungen auf die Operation »Seelöwe« teil. Weitere 14 der sogenannten Land-Wasser-Schlepper (LWS) waren bis Mitte 1942 entstanden.

Als Zulieferer zur Produktion des LWS beteiligten sich die Firmen Altmärkische Kettenfabrik GmbH in Berlin-Borsigwalde (Laufwerk), Gebrüder Sachsenberg AG in Dessau-Roßlau (Bootskörper und Schiffsausrüstung), Hüttenwerk Sonthofen (Träger und Aufhängungen), Zahnradfabrik Friedrichshafen (Getriebe) und Maybach-Motorenbau in Friedrichshafen.
Obwohl immerhin bis zu 20 Mann mit Ausrüstung transportiert werden konnten, das Fahrzeug außerdem auf dem Land als Zugmittel und im Wasser als Bugsierboot geeignet war, wurde auf eine weitere Fertigung verzichtet.
Schon im April 1941 war bei Magirus die Entwicklung einer Panzerfähre angelaufen. Mitte 1942 wurde in Betracht gezogen, daß diese den LWS ersetzen könnte.
Ein Teil der 21 LWS wurde den Werftkompanien der Pionier-Landungsbataillone zugeteilt. Ab 1941 wurde angestrebt, jedes der Pio-Landungsbat. mit einem LWS auszurüsten.
Die an die Ostfront verlegten Land-Wasser-Schlepper sollen u. a. bei der Besetzung der Baltischen Inseln 1941 zum Einsatz gebracht worden sein. Bei Kriegsende standen die letzten LWS in Dänemark. Einer davon wurde nach England überführt und dort von Spezialisten der britischen Armee eingehend erprobt.
Im Mai 1940 wurde die Firma Kässbohrer in Ulm mit der Entwicklung von schwimmfähigen Anhängern für den Land-Wasser-Schlepper beauftragt. Gleichlaufend mit der Übergabe der letzten LWS waren vier 10 t-Anhänger und zwei 20 t-Anhänger fertiggestellt. Auch zwei 24 t-Anhänger befanden sich zu dieser Zeit noch in der Entwicklung. Zu einer Auftragserweiterung kam es jedoch nicht.

Die Fahrzeuge der Vorserie des »Land-Wasser-Schleppers« hatten noch große Scheiben, diese konnten durch Stahlplatten mit Bullaugen abgedeckt werden. Für die Erprobung der LWS wurde ein Sonderkommando des Waffen-Prüffeld 5 (Pionierwesen) nach Putlos entsandt. Zwei dieser LWS auf dem Weg zum Strand. Vorn fährt das Fahrzeug »LWS 2«, dahinter folgt »LWS 3«.

Der LWS wurde als Zug- und Übersetzmittel für Flüsse und für das Anlanden von See aus entwickelt. Sein Kettenlaufwerk ermöglichte das Fahren im aufgeweichten Sand des Ufers. »LWS 2« bei Fahrversuchen im seichten Gewässer.

Das Versuchsfahrzeug »LWS 3« rollt durch den Sand der Dünen der Ostsee entgegen.

Bis zum Juli 1940 wurden sieben Vorserienfahrzeuge fertiggestellt. Nach Abschluß der Schwimmversuche an der Ostsee wurden sie nach Le Havre gebracht und nahmen dort an den Vorbereitungen zur Operation »Seelöwe« teil.

Um ein Wasserhindernis überraschend forcieren zu können, mußte der LWS im Uferbereich eine hohe Geschwindigkeit erreichen können. Bei den Versuchen wurde u. a. die Zeit gemessen, die der LWS braucht, um vom Waten zum Schwimmen überzugehen.

Ein LWS der Vorserie bei einem Landungspionier-Bataillon im Jahre 1941.

Fahrschule auf einem LWS. Ab 1941 war vorgesehen, jedes Pionier-Landungsbataillon mit einem LWS auszurüsten. Der LWS sollte als Zugmaschine auf dem Land und im flachen Wasser, als Motorschlepper im Wasser und bei der Landung und als selbständige Fähre mit 10-t- und 20-t-Anhänger eingesetzt werden. Die Fahrer der LWS mußten sowohl das Führen von Kettenfahrzeugen als auch von Booten beherrschen.

Bis Mitte 1942 wurden in Bolzenburg weitere 14 LWS gebaut. Diese Fahrzeuge hatten kleinere Frontscheiben, und der hintere Teil des Aufbaus war geschlossen. Eine Kolonne LWS beim Straßenmarsch im Frühjahr 1942. Vorn fährt ein LWS der späten Fertigung.

Das Land-Wasserfahrzeug auf Panzer IV-Fahrgestell

Noch bevor die Versuche mit dem LWS abgeschlossen waren, beauftragte die Heeresversuchsstelle Kummersdorf das Magirus-Werk in Ulm der Firma Klöckner-Humboldt-Deutz mit der Entwicklung eines Übersetzmittels, das in der Lage sein sollte, Lasten bis 30 Tonnen im Wasser zu transportieren. Als Vorbild diente dabei die Pionierlandungsfähre s.F. 41 (schwere Fähre), die auch nach ihrem Konstrukteur Major Siebel als »Siebelfähre« bezeichnet wurde. Die Panzerfähre sollte ebenfalls aus zwei Schwimmfahrzeugen mit dazwischengehängter Ladefläche bestehen. Daß die Tragfähigkeit der Pz.F. wesentlich unter dem der aus Marinefährprahmen bestehenden Pionierlandungsfähre (Pi.Lf.) liegen würde, wurde bewußt in Kauf genommen. Sie sollte in erster Linie nach kurzen Landmärschen mit wenig Aufwand schnell einsatzbereit sein und über nicht pioniermäßig vorbereitete Ufer leichte bis mittlere Kampffahrzeuge über Wasserhindernisse bringen. Da die für den Sturmangriff geplanten Panzerfähren mindestens gegen SmK-Munition sicher sein mußten, konnte nur ein Fahrgestell verwendet werden, das bei einer relativ hohen Eigenlast durch Fahrwerk und Panzeraufbau noch entsprechende Reserven besaß, durch die Zuladung ein fast doppelt so großes Gewicht zu tragen. Aus Zeitgründen sollte möglichst auf eine komplizierte Neuentwicklung verzichtet werden. Die Untersuchungen ergaben schließlich, daß das Fahrgestell des Panzer IV außer seiner hohen Belastbarkeit in seiner Beschaffung relativ kostengünstig war. Im Frühjahr 1941 wurde das Krupp-Grusonwerk in Magdeburg-Buckau angewiesen, zwei Wannen des »Mittleren Panzerkampfwagen IV (Typ 7/BW) Ausführung F (Sd.Kfz. 161)« nach Ulm zu liefern. Die Antriebsanlage sollte von der Zahnradfabrik Friedrichshafen gefertigt werden. Den Bootskörper hatte die Bodan-Werft in Zusammenarbeit mit Kässbohrer aus Ulm herzustellen. Der Aufbau des ersten Versuchsfahrzeuges, bestehend aus den beiden Panzerfähren mit Laderaum, begann am 22. Juli 1941 und war am 15. Mai 1942 weitestgehend abgeschlossen. Die Erprobung erfolgte zusammen mit einem LWS in Putlos an der Ostsee. Noch während die Erprobung und Vergleichsfahrten zwischen der Pz.F. und dem LWS liefen, legte das Oberkommando des Heeres am 10. Juli 1942 fest, bis auf unbestimmte Zeit keine weiteren Panzer IV-Fahrgestelle mit »Sonderausrüstungen für Landeunternehmen« zu versehen, da laut Befehl Hitlers »vordringlich Panzer IV mit langer Kanone und Vorpanzer« zu fertigen waren. Über den Verbleib der Panzerfähre konnte bisher nichts in Erfahrung gebracht werden. Es liegt die Vermutung nahe, daß diese noch bis Kriegsende in Putlos verblieb und nach der Besetzung der Stadt Putlos durch die Rote Armee die komplette Fähre nach Rußland abtransportiert wurde, denn ab Anfang der 50er Jahre tauchten bei den russischen Pioniereinheiten aus zwei Halbfähren bestehende Panzerfähren mit der Bezeichnung »GSP-55« auf, bei denen die Herkunft des Funktionsprinzips nicht zu übersehen ist.

Für die Erprobung der Panzerfähren wurde ein LWS der späteren Bauart nach Putlos gesandt.

Parallel zur Entwicklung des Land-Wasser-Schleppers liefen bei der Firma Klöckner-Humboldt-Deutz A.G., Werk Magirus in Ulm Untersuchungen mit einem Panzerkampfwagen IV für eine dreiteilige Panzerfähre. Zwei Halbfähren sollten in ihrer Mitte ein Ponton tragen, auf dem Lasten bis 20 Tonnen übergesetzt werden konnten.

Die Firma Kässbohrer AG baute für den Land-Wasser-Schlepper und die Panzerfähre vier schwimmfähige Anhänger mit einer Nutzlast von 10.000 kg und zwei mit 20.000 kg. Vier weitere mit 24.000 kg befanden sich in der Entwicklung. Hier eine Panzerfähre mit 10-t-Anhänger bei Schwimmversuchen in Putlos.

Auch mit dem »Raupenschlepper Ost« liefen zahlreiche Versuche, ihn schwimmfähig zu machen. Zwei Varianten wurden fertigungsreif erprobt. Die eine war die Ausrüstung des RSO mit einer Watwanne, die andere ein Bootskörper unter Verwendung von RSO-Antriebs- und Laufwerksteilen. Die Ergebnisse der Erprobung sollen recht zufriedenstellend gewesen sein. Angeblich wurden sogar über 100 RSO mit Watwanne im August 1943 per Eisenbahntransport an die Ostfront geschickt.

Kriegsjahren so gut, daß das Heereswaffenamt im April 1941 die Firma Georg Kirsten in Sebnitz/Sachsen beauftragte, eine Zugvorrichtung herzustellen, die ohne besonderen Aufwand in die Schlepphaken der Panzerwannen eingehängt werden konnte. Diese sollte so konstruiert sein, daß auch Kampfpanzer gezogen werden konnten, deren Lenkbremsen ausgefallen waren, so daß im gezogenen Fahrzeug also kein Fahrer gebraucht wurde. Noch im Jahre 1941 wurden die ersten »Abschleppstangen« den Werkstatt-Kompanien der Panzereinheiten übergeben. Für die Feldinstandsetzung erhielten ab Anfang 1940 die Panzer-Pionier-Kompanien jeweils zwei Züge, die mit »Pionierpanzern I« ausgerüstet waren. Ursprünglich waren sie Panzerkampfwagen I der Ausführung A und B. Nach der Abnahme der Drehtürme erhielten sie einen kastenförmigen Aufbau zur Aufnahme von Pioniergerät. Ab 1942 wurden auch ausgemusterte Panzerkampfwagen II und 38 (t) zu Pionierpanzern II bzw. zu Berge- und Instandsetzungskraftwagen 38 (t) umgebaut. Vom Pionierpanzer II waren im Mai 1944 noch 739 Stück im Bestand der Wehrmacht. Davon waren 485 Fahrzeuge einsatzbereit beim Heer. Die Kraftfahrzeug-Instandsetzungsgruppen hatten schon von 1936 bis November 1938 insgesamt 164 Instandsetzungskraftwagen I erhalten. Äußerlich unterschieden sie sich vom Fahrschulpanzer I durch die Befestigung zahlreichen Werkzeuges am hinteren Teil der Wanne. Aber auch weiterhin forderten die Einheiten der Heeres-Instandsetzung ein Fahrzeug, das in der Lage sein sollte, ausgefallene Panzerkampfwagen unter Beschuß zu bergen. Außerdem sollten diese mit Vorrichtungen für die schwere Bergung ausgerüstet sein. Weiterhin sollten sie wichtige Teile der Panzerinstandsetzung mitführen und bei der Feldinstandsetzung Lasten wie Motoren und Getriebe heben können. Dies wurde um so dringlicher, je mehr die Wehrmacht die Initiative verlor. Die Gefahr eines Stellungskrieges zeichnete sich mittlerweile immer deutlicher ab, und sogar Rückzugsgefechte mußten in Betracht gezogen werden. So lange sich das Heer auf dem Vormarsch befunden hatte, waren die liegengebliebenen Fahrzeuge das Problem der rückwärtigen Einheiten, und der Zeitfaktor der Bergung spielte kaum eine Rolle. Als sich der Kriegsverlauf zuungunsten der Wehrmacht veränderte, war praktisch jeder ausgefallene Panzer, der nicht sofort geborgen werden konnte, ein Totalverlust. Gleichzeitig wurde aufgrund der Instandsetzungsvereinfachung und der Ersatzteil-

Für die Kraftfahrzeug-Instandsetzungsgruppen wurden von 1936 bis 1938 insgesamt 164 »Instandsetzungskraftwagen I« eingeführt. Hier eines dieser Fahrzeuge, das aus einem leichten Panzerkampfwagen I (M.G.) Ausführung A Sd.Kfz. 101 hervorgegangen ist, beim Abschleppen eines Lastkraftwagen 3 t Henschel Typ 33.

»Instandsetzungskraftwagen I« auf dem Fahrgestell des Panzer I Ausführung B beim Deutschen Afrika-Korps im Jahre 1941.

Die Pionier-Bataillone der Panzer-Division wurden teilweise mit »Pionierpanzern I« ausgerüstet. Sie entstanden in der Regel durch den Umbau ausgemusterter Kampfwagen. Dieser im Mai 1940 durch eine französische Stadt rollende Pionierpanzer war ursprünglich eine A-Ausführung des Panzer I.

»Pionierpanzer I« Ausführung B im Rußland-Feldzug. Die Besatzung des Pionierpanzers repariert einen stehengebliebenen leichten Panzerkampfwagen 38 (t). Auf der rechten Seite der Fahrbahn steht ein leichter Zugkraftwagen 1 t Demag D6 Sd.Kfz. 10 der Instandsetzungs-Kompanie.

Liegengebliebener »Pionierpanzer I« Ausf. A im Frühsommer 1944.

Zwei zerstörte »Pionierpanzer I« auf einem russischen Sammelplatz für Kriegsgerät.

Die Fahrgestelle der leichten Panzerkampfwagen II (2 cm) Sd.Kfz. 121 wurden ebenfalls für Pionierpanzer verwendet.

Ein Fahrgestell des leichten Panzerkampfwagen II neue Art, verstärkt (VK 1601), wurde 1944 zum »Bergepanzer II« umgebaut und fiel den Alliierten in Italien in die Hände.

zuführung angestrebt, daß die Bergepanzer typengleich mit den Kampfpanzern der zugeteilten Einheiten sein sollten. So wurden den mit Panzer III und IV ausgestatteten Verbänden Berge- und Instandsetzungspanzer III und IV zugeführt. Im Jahre 1939 waren in der Wehrmacht 32 Bergepanzer III vorhanden. 1941 kamen weitere 132 Stück dazu, im darauffolgenden Jahr nochmals 50 Stück und 1943 insgesamt 14. Für den Monat März 1944 wurden 15 und für April und Mai 1944 jeweils 30 Bergepanzer III angegeben, die aus dem Umbau heimatinstandgesetzter Panzerkampfwagen III entstanden. Im Februar 1945 waren immerhin noch 130 Bergepanzer III bei der Truppe. Da der Panzerkampfwagen IV als Kampfpanzer zu wertvoll war, wurde zunächst auf einen Umbau zum Bergepanzer seitens der Heimatinstandsetzung verzichtet. Trotzdem liefen einzelne Bergepanzer IV bei der Truppe, die sie sich selbst hergerichtet hatte. Mit der Notwendigkeit, die Panzer-III-Wannen für die Sturmgeschütz-Fertigung zu verwenden, kam auch der Umbau der Panzer IV in Betracht. Noch in der zweiten Hälfte des Jahres 1944 wurden dem Heer 46 Berge- und Instandsetzungskraftwagen IV übergeben. Schon im September 1942 wurden in Vorbereitung der Aufstellung der ersten Tiger-Abteilung die vier Fahrgestelle des Tiger-Prototyps V.K. 3601 (H) zu Bergepanzern umgebaut. Sie erhielten Seilwinden der Firma FAMO-Ursus mit einer Zugkraft von 40 Tonnen. Deren Antrieb war direkt am Schaltgetriebe angeflanscht. Auch wurde der Maybach-Motor HL 174 mit 550 PS durch den HL 210 P45 mit 650 PS ersetzt. Im Frühjahr 1943 erhielten die Panzerjäger-Abteilungen, die mit dem »Panzerjäger Tiger (P) für 8,8-cm-Pak 43 L/71 Sd.Kfz. 184« ausgerüstet waren, fünf Berge- und Abschleppwannen auf

Immer wieder bemühte sich die Truppe um geeignete Bergemittel. Zunächst blieb es jedoch bei einzelnen Panzerwannen, deren Turm abgenommen worden war, die als Abschleppwannen Verwendung fanden. Das Foto zeigt einen »Bergepanzer III«, der schon mit den neuen Antriebs- und Leiträdern sowie den 400 mm breiten Ketten ausgerüstet ist, beim Schleppen eines mittleren Panzerkampfwagen III (5 cm) Ausführung G (Typ 6/ZW) Sd.Kfz. 141.

Im April 1941 beauftragte das Heereswaffenamt die Firma Georg Kirsten in Sebnitz/Sachsen mit der Herstellung von Zugvorrichtungen für die Panzerbergung. Hier ein »Bergepanzer III« beim Abschleppen eines mittleren Panzerkampfwagen IV (7,5 cm) Ausführung F2 (Typ 7/BW) Sd.Kfz. 161/1.

Porsche-Tiger-Fahrgestellen. Für die ab 1943 aufgestellten und mit dem Panzerkampfwagen V »Panther« ausgerüsteten Verbände wurden als Sofortmaßnahme von der Firma Maschinenfabrik Augsburg-Nürnberg (MAN) zehn »Panther«-Wannen als Abschleppfahrzeuge gefordert, die bis zum 06. Juni 1943 bereitgestellt werden sollten. Gleichzeitig wurde die Firma Henschel & Sohn AG in Kassel beauftragt, die letzten 70 Panzerwannen der ersten Baulose der »Panther« Ausführung D zu Bergepanzern mit 40-t-Seilwinde bei einer Seillänge von 150 m und Erdsporn auszurüsten. Bei den Erprobungen auf der Heeresversuchsstelle Kummersdorf wurde die schon seit Kriegsbeginn gestellte Forderung nach einem Ladekran erneuert. Da die Verskraft bereits einen 2-t-Ladekran entwickelt hatte, der auf Berge- und Kampfpanzer befestigt werden konnte, wurden auf dem »Bergepanther« die entsprechenden Halterungen angebracht. Nach erfolgreichem Abschluß der Erprobung stellte die Firma Deutsche Maschinenfabrik AG (Demag), Werk Berlin-Falkensee, ihre »Panther«-Produktion zugunsten der »Bergepanther«-Fertigung um. Im April 1944 forderte Hitler, daß noch im selben Monat 14 »Bergepanther« gebaut werden sollten. Für den Monat Mai verlangte er einen Ausstoß von 18 Stück, im Juni 20 und im Juli sollten es zehn sein. Von Februar bis September 1944 baute Demag die Bergepanzer auf dem Fahrgestell des »Panthers« Ausf. A. Diese Fahrzeuge erhielten neben dem Maschinengewehr 34 in der Fahrerfront eine 2-cm-Kampfwagenkanone 38 L/55 auf dem vorderen Wannendeck. Insgesamt wurden von Juni 1943 bis September 1944 232 »Bergepanther« Ausf. A hergestellt. Nach der Umstellung der Produktion des »Panthers« auf das Fahrgestell Ausf. G wurden im August 1944 acht Bergepanther Ausf. A gebaut, die aus dem Umbau von »Panther« A entstanden.

Ein »Berge- und Instandsetzungspanzer III« mit »Ostkette« von hinten.

Die »Berge- und Instandsetzungspanzer III«, die von der Industrie umgebaut wurden, erhielten einen aus Holz gefertigten Kastenaufbau, der Ersatzteile und Bergevorrichtungen aufnahm. Die Aufnahme zeigt eines dieser Fahrzeuge, ausgerüstet mit »Ostketten«, von vorn.

Ab Ende 1943 liefen bei der Verskraft in Kummersdorf zahlreiche Untersuchungen zur Verbesserung der Bergeausrüstung für die Truppe. So entstand der »Bergeanker«, der auf einem zweirädrigen Gestell vom Bergepanzer gezogen werden sollte.

Truppenerprobung des Bergepanzer III mit Bergeanker im Winter 1943/44.

Bestand an Bergepanzern

vom Juli 1943 bis Februar 1945

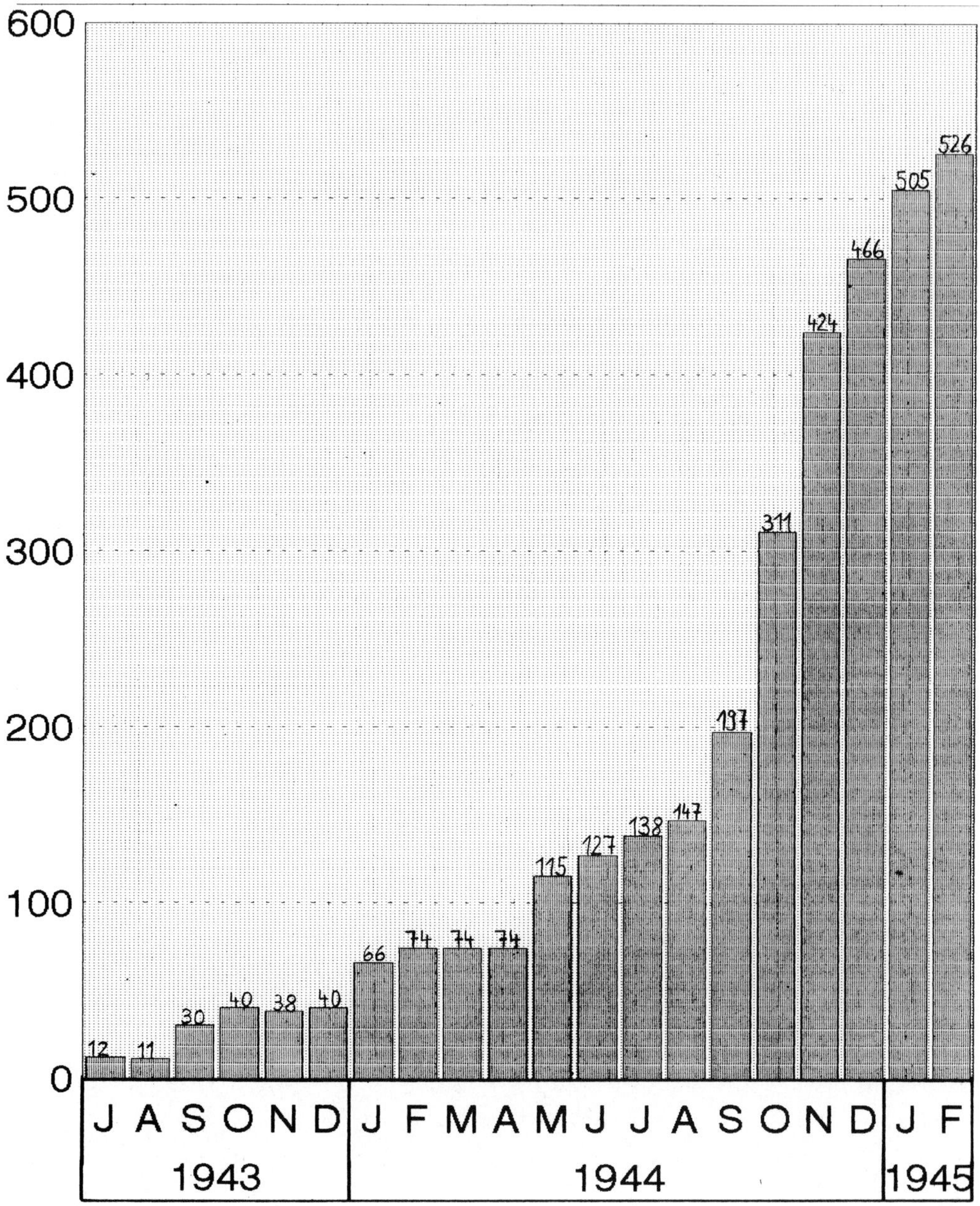

Von 1940 an erhielten die Panzer-Pionier-Bataillone auch Panzer-III-Fahrgestelle, die pioniertechnisch ausgerüstet waren. Soldaten einer Pionier-Kompanie beim Verlegen von Sturmbrücken.

»Pionierpanzer III« des II. SS-Panzer-Korps am 06. Juli 1943 bei Luthski.

Bis zum 06. Juni 1943 sollte die Firma Maschinenfabrik Augsburg-Nürnberg zehn Wannen der mittleren Panzerkampfwagen V »Panther« Sd.Kfz. 171 als Abschleppfahrzeuge bereitstellen. Das Foto zeigt eine dieser »Panther«-Wannen beim Abschleppen eines schweren Panzerkampfwagen VI »Tiger« Ausführung E Sd.Kfz. 181 der schweren Heeres-Panzer-Abteilung 501.

Eine andere Bergewanne »Panther« beim Ziehen eines schweren Panzerkampfwagen VI »Tiger« II Ausführung B Sd.Kfz. 182 der 1. Panzer-Division in Ungarn 1945.

Bei der Demag lief die Produktion des »Bergepanthers« Ausf. G von September 1944 bis März 1945 mit einem Umfang von 107 Stück. Die ersten zwölf Abschleppwannen »Panther« kamen im Juli 1943 an die Ostfront zum ersten mit »Panthern« ausgerüsteten Regiment und zu den schweren Panzer-Abteilungen 501 und 502. Speziell für die Panzerjäger-Abteilungen, die mit dem Jagdpanzer 38 (t) »Hetzer« ausgerüstet waren, wurde der Bergepanzer 38 (t) »Hetzer« (auch Bergepanzer 638/16 und Gerät 573) in der Böhmisch-Mährischen Maschinenfabrik AG in Prag (vormals Ceskoslovenske Kolben Danek, auch Praga-Werke) hergestellt. So sollte für je 14 Jagdpanzer ein Bergepanzer zur Verfügung stehen. Im September 1944 waren die ersten sieben Bergepanzer »Hetzer« fertig. Im Oktober 1944 wurden 64 Panzerwannen, die seit Juni/Juli 1944 für die Jagdpanzer-Herstellung bereitstanden, als Bergepanzer ausgerüstet. Ab Dezember 1944 lief die Produktion planmäßig, und jede 15. »Hetzer«-Wanne wurde mit durchgängiger Frontplatte gefertigt und als Bergepanzer ausgestattet.

Einige Panzerwannen wurden als Munitionstransporter umgebaut. Aber auch sie verwendete man in erster Linie als Zugmittel für Ge-

Im Sommer 1943 wurde die Firma Henschel & Sohn A.G. in Kassel beauftragt, die letzten 70 Panzerwannen der ersten Fertigungsserie des »Panthers« mit 40-t-Seilwinde und Erdsporn auszurüsten.

Die Firma FAMO-Ursus in Warschau fertigte und lieferte die 40-t-Seilwinde mit 150 m Seillänge für den »Bergepanther« an die Firma Henschel, die schon mit der Ausrüstung von VK. 3601 mit Seilwinde Erfahrung hatte.

schütze und Lasten oder zum Bergen liegengebliebener Fahrzeuge. Die ersten gepanzerten Munitionsschlepper waren ursprünglich Panzerkampfwagen I Ausf. A. Durch die reine Maschinengewehr-Bewaffnung, die schon im spanischen Bürgerkrieg völlig unzureichend gewesen war, zeigten sie im Polen-Feldzug nun endgültig ihre Unbrauchbarkeit. Nachdem der Drehturm entfernt wurde und die verbliebene Öffnung mit einer zweiteiligen Luke abgedeckt worden war, wurden die Wannen als »Munitionsschlepper auf Panzerkampfwagen I Ausführung A Sd.Kfz. 111« den Panzer-Regimentern zugeführt.

Im Jahre 1940 befanden sich insgesamt 51 dieser Fahrzeuge bei der Truppe. So hatte jede leichte Division in ihrem Infanterie-Regiment jeweils sieben Munitionsschlepper. Aber auch für die anderen Divisionen des Feldheeres war eine entsprechende Anzahl an Muni-Schleppern vorgesehen. So sollten die Infanterie-Divisionen den schon seit September 1937 in der Entwicklung befindlichen gepanzerten Munitionsschlepper VK. 301/302 der Firma Borgward erhalten. Von ihm sollten zunächst 100 Stück gefertigt werden. Im »Panzer-Programm 41« wurden dann sogar 5035 Fahrzeuge gefordert, Es blieb jedoch bei einer Fertigung von 28 VK. 302 bis zum Februar 1942. Anfang 1943 sollen in der Infanterieschule Döberitz 20 VK. 302 und weitere 45 Munitionspanzer unterschiedlichster Bauart zusammengezogen worden sein. Dort wurde im April 1943 mit der Aufstellung der Munitionsschlepper-Kompanie 801 begonnen, die dann in die 1. Infanterie-Division eingegliedert wurde. Ihr erster Einsatz erfolgte schließlich bei den Kämpfen am Ladoga-See. Im Verlaufe des Krieges wurden zahlreiche ausgemusterte Panzer I Ausf. A und B sowie Kleine Panzerbefehlswagen I zu Muni-Schleppern umgebaut. Im Mai 1944 sollen immerhin noch 611 Panzerkampfwagen I ohne Turm als Munitionsschlepper bei der Truppe gewesen sein. In großer Anzahl gelangten nur noch die Munitionspanzer III zum Heer. Sie waren zum überwiegenden Teil ehemalige Panzerbefehls- und Beobachtungswagen.

Ende 1944 wurden dem Heer nicht mehr funklenkfähige Ladungsträger übergeben, die zu Munitionsschleppern umfunktioniert worden waren. Mit diesen und den Resten der Muni-Schlepper-Kp. 801 sollten sechs neue Kompanien aufgestellt werden. Es wurden jedoch nur zwei weitere Kompanien aufgestellt. Die gepanzerte Munitionsschlepper-Kompanie verblieb bei der 1. Infanterie-Division, die Kp. 802 kam zur 170. Inf.Div. und die Kp. 803 ging zur 28. Gebirgsjäger-Division. Jede Kompanie bestand aus 15 Munitionsschleppern. Die Kompanie 803 meldete am 12. Januar 1945, daß mit zehn Schleppern insgesamt 22 mal 14.100 kg Infanterie-Munition zu den Fronteinheiten gebracht worden war. Im Frühjahr 1945 mußten dann innerhalb von zwei Wochen alle Munitionsschlepper wegen technischer Mängel und fehlendem Kraftstoff gesprengt werden.

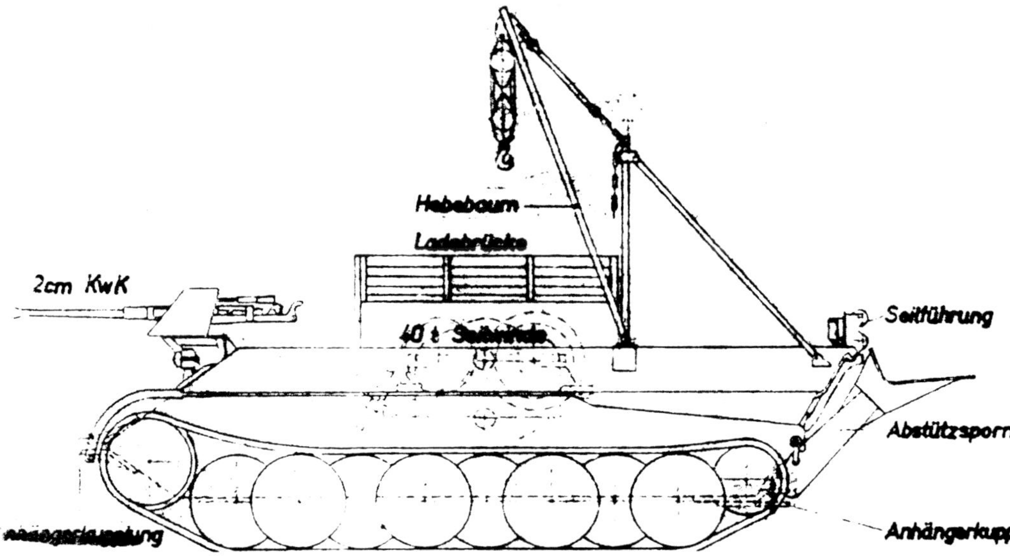

Neben den genannten Fahrzeugen gab es aber auch Munitionspanzer und Abschleppwannen, die nur in Einzelstücken bei der Truppe liefen. So hatten die Sturmgeschütz-Abteilung 197 einen amerikanischen leichten Panzer M3A3 »Stuart« und die 44. Infanterie-Division einen Infanteriepanzer Mk. II »Matilda« als Zugkraftwagen vorübergehend in ihrem Bestand. Beiden Fahrzeugen war der Turm abgenommen worden.

Bei den Tests auf dem Versuchsgelände der Verskraft wurden auf dem »Bergepanther« Halterungen angebracht, um die schon lange gestellte Forderung zu erfüllen, die Bergepanzer mit einem Ladekran auszurüsten.

Für das Ziehen von Panzern, deren Lenkung und Bremsen ausgefallen waren, wurden auf den »Bergepanthern« Abschleppstangen mitgeführt.

Die Firma Deutsche Maschinenfabrik A.G. (Demag), Werk Berlin-Falkensee stellte ab Frühjahr 1944 die »Panther«-Produktion ein und fertigte nur noch »Bergepanther«. Von Februar bis September 1944 entstanden diese Fahrzeuge auf der Ausführung A des »Panthers«. Der Erdsporn wurde so verändert, daß die Seilwinde auch im angehobenen Zustand eingesetzt werden konnte.

Für die Selbstverteidigung erhielten die »Bergepanther« auf der vorderen Wannendecke eine 2-cm-KwK 38 in Sockellafette.

»Bergepanzer V Bergepanther Sd.Kfz. 179« beim Abschleppen eines »Panthers« Ausführung G.

Im September 1942 wurden für die aufzustellenden »Tiger«-Abteilungen vier der Prototypen VK. 3601 (H) mit einer 40-t-Seilwinde der Firma FAMO-Ursus ausgerüstet und als Bergepanzer verwendet.

Im Jahre 1944 wurden zur Bergung der 68,5 Tonnen schweren »Tiger« II durch die selbständigen Heeres-Panzer-Abteilungen drei »Tiger« I Ausführung E, deren Bewaffnung nicht mehr instandsetzungsfähig war, zu »Bergepanzer VI« umgebaut. Die Seilwinde wurde im Turm untergebracht und das Seil über eine Umlenkrolle geführt. Auf dem Dach des Panzerturmes wurden Halterungen zur Befestigung eines Arbeitskranes angeschweißt. Die Öffnung, die nach dem Ausbau der 8,8-cm-Kampfwagenkanone 36 L/56 verblieb, wurde mit einer Stahlplatte verschlossen.

Für die Panzerjäger-Abteilungen mit »Elefant« wurden fünf Porsche-Tiger-Wannen als »Bergepanzer Tiger (P)« ausgerüstet. »Berge-Ferdinand« beim Abschleppen eines Panzerjäger »Tiger« (P) für 8,8-cm-Pak 43 L/71 Sd.Kfz. 184.

Als ab 1942 schrittweise die Panzer 38 (t) ausgemustert wurden, baute man auch einige der Wannen zu »Bergepanzer 38 (t)« um. Eines dieser Fahrzeuge nach der Umrüstung in der Heimat auf dem Weg zur Front im Winter 1942/43.

Auf dem Heck des Bergepanzers konnte eine Hebevorrichtung angebracht werden. Hier wird gerade die 7,5-cm-Kampfwagenkanone 40 L/48 eines mittleren Panzerkampfwagen IV (7,5 cm) Ausführung H (Typ 9/BW) Sd.Kfz. 161/2 der Panzer-Lehr-Division mit Hilfe des Krans eines Bergepanzers eingebaut. Frankreich, Herbst 1944.

Für die Panzerjäger-Abteilungen mit Jagdpanzer 38 (t) wurden in Prag im Jahre 1944 insgesamt 106 »Bergepanzer 38 (t) Hetzer« gefertigt. Bei diesem Fahrzeug fehlt die außen angebrachte Bergevorrichtung und der am Heck befestigte Erdsporn.

Während des Prager Aufstandes in den ersten Tagen des Mai 1945 wurde von den Aufständischen ein Bergepanzer »Hetzer« als Mannschaftstransporter eingesetzt.

Bereits im Ersten Weltkrieg schlug die Firma Lanz ein gepanzertes Vollkettenfahrzeug als Munitionstransportfahrzeug und Zugmittel für die Artillerie vor. Das eine gebaute Fahrzeug wurde nach dem Krieg nach Großbritannien gebracht und nach Abschluß der Untersuchungen verschrottet.

Die Firma Rheinische Metallwaren und Maschinenfabrik A.G. in Düsseldorf stellte 1930 den Prototyp eines Kettenschleppers vor, dessen Wanne - einschließlich Motorabdeckung - gepanzert war.

Durch den Umbau ausgemusterter Panzer I entstand der »Munitionsschlepper auf Panzerkampfwagen I Ausführung A Sd.Kfz. 111«.

Ein Muni-Schlepper I der 7. Panzer-Division rollt im Mai 1940 durch eine französische Ortschaft.

In Vorbereitung auf die Operation »Seelöwe« wurden zahlreiche Landeübungen durchgeführt. Zwei Munitionspanzer I verlassen ein Landungsboot 39 im Hafen von Le Havre.

Ein Muni-Panzer I der 4. Panzer-Division, der durch das Reißen der rechten Gleiskette stehengeblieben war.

Von 1935 bis 1937 waren insgesamt 184 Kleine Panzerbefehlswagen Sd.Kfz. 265 auf Panzer I Ausf. B gebaut worden. Ende 1940/Anfang 1941 wurden sie schrittweise ausgemustert und für Spezialaufgaben umgebaut. Ein großer Teil wurde als Munitionsschlepper verwendet. Eine Munitionskolonne mit ihren Schleppern im Sommer 1943.

Äußerst selten wurden die Panzer II zu Muni-Schleppern umgebaut. Die Abbildung zeigt einen Munitionspanzer auf der Basis des leichten Panzerkampfwagen II Ausführung D/E (Typ 8 und 8a/Las 138) Sd.Kfz. 121 auf einem Sammelplatz für Kriegsgerät, der bei der Kapitulation der 6. Armee in Stalingrad liegenblieb.

Ab 1942 wurden die leichten Batterien der Panzer-Abteilungen (Sf.) der Panzer-Division mit der 10,5-cm-leichten Feldhaubitze 18/2 L/28 auf Geschützwagen II »Wespe« Sd.Kfz. 124 ausgerüstet. Zu jedem Zug der Abteilung gehörte ein Munitionspanzer auf »Wespe«-Fahrgestell. Insgesamt baute die Firma FAMO 158 Stück dieser Fahrzeuge.

Für die Panzer-Regimenter an der Ostfront wurden zahlreiche Panzer III ohne Turm als Muni-Schlepper ausgerüstet. Viele von ihnen waren Truppenumbauten.

Einige Munitionspanzer III sollen ehemalige Panzerbefehlswagen gewesen sein.

Munitionspanzer III einer »Tiger«-Abteilung an der Ostfront im Winter 1943/44 beim Umladen der 8,8-cm-Granaten.

Muni-Schlepper III im Frühjahr 1943 bei einem Verband der Waffen-SS.

Auch auf dem Fahrgestell des Sturmgeschütz III für 7,5-cm-Sturmkanone 40 L/48 Ausführung G sollen mehrere Munitionspanzer entstanden sein. Eines dieser Fahrzeuge befand sich im Frühjahr 1945 auf einem Sammelplatz für Kriegsgerät bei der amerikanischen Armee.

Speziell für den 60-cm-Mörser L/8 »Karl« (Gerät 040) wurde im Oktober 1939 ein Fahrgestell des Panzer IV Ausführung D als Munitionsschlepper ausgerüstet.

Nach dem erfolgreichen Abschluß der Erprobung des ersten Karl-Geräts wurden im Frühjahr 1941 für die anderen fünf Mörser jeweils ein weiterer Munitionspanzer IV gebaut. Weitere acht Muni-Schlepper IV sollten bis Ende 1941 für den Einsatz bei den schweren Heeres-Artillerie-Abteilungen gebaut worden sein. Die bis April 1941 gefertigten Munitionspanzer IV beruhten auf dem Fahrgestell der Ausführung E und die danach auf dem der Ausführung F des Panzer IV.

Munitionspanzer IV auf dem Gelände der Firma Friedrich Krupp A.G., Werk Gruson in Magdeburg.

Die Tragkraft des Ladekrans lag bei 2.500 kg. Der Laderaum des Munitionspanzer IV nahm vier Granaten und vier Kartuschen auf.

Die Verlegung der Muni-Schlepper IV erfolgte mit »Culemeyer«-Tiefladern, die von Zugkraftwagen 18 t Famo F3 gezogen wurden.

Einsatz eines Munitionspanzer IV im August/September 1942 bei der schweren Heeres-Artillerie-Abteilung 628.

Der Mörser »Ziu« mit seinem Munitionspanzer bei der Beschießung Sewastopols im Sommer 1942.

Mörser und Munitionspanzer während der Kampfhandlungen in Warschau 1944.

Für die schweren Batterien der Panzer-Artillerie-Abteilungen (Sf.) der Panzer-Divisionen, die mit der 15-cm-schweren Feldhaubitze 18 L/29,6 auf Geschützwagen III/IV »Hummel« Sd.Kfz. 165 ausgerüstet waren, baute die Firma Deutsche Eisenwerke A.G. in Duisburg 1943 den Munitionspanzer IV auf »Hummel«-Fahrgestell. Die Abbildung zeigt eines dieser Fahrzeuge beim Überwinden eines russischen Flusses im Frühjahr 1944.

Ein von den Amerikanern im Herbst 1944 in Frankreich erbeuteter Munitionspanzer IV der 1. Batterie der schweren Panzer-Artillerie-Abteilung der 2. SS-Panzer-Division »Das Reich«.

Diese »Panther«-Wanne war ursprünglich ein Bergepanzer. Er wurde aber während der Kämpfe in Frankreich im Herbst 1944 als Munitionsschlepper eingesetzt. Dem Fahrzeug fehlen der Erdsporn und die Bergeausrüstung. Als er von US-Streitkräften erbeutet wurde, befand sich noch eine große Anzahl von Munition im Fahrzeug, und deshalb wurde er mit der Aufschrift »Danger H.E.« versehen.

Auch die Firma Steyr fertigte auf dem Fahrgestell des Raupenschlepper Ost einen gepanzerten Munitionsschlepper. Zu einer Serienfertigung kam es jedoch nicht.

Die Firma C.F.W. Borgward GmbH in Bremen baute von Oktober 1941 bis Februar 1942 ingesamt 28 gepanzerte Munitionsschlepper VK. 302. Am 01. Juli 1942 befanden sich 20 dieser Fahrzeuge bei der Truppe. Drei Schlepper liefen auf dem Waffen-Prüffeld 6 in Kummersdorf und fünf standen bei Borgward, von denen drei zum Bau von Prototypen für Geschützwagen verwendet wurden. Ursprünglich waren im »Panzer-Programm 41« als Erstausstattung 5.035 Stück gefordert worden, die Produktion wurde aber zugunsten des Ladungsträgers eingestellt.

Muni-Schlepper VK. 302 im Herbst 1942 bei der Munitionsschlepper-Kompanie 801.

Nach der Besetzung Belgiens wurden die vorhandenen Kettenschlepper Vickers-Armstrong Utility in die deutsche Wehrmacht als »Leichte Artillerieschlepper VA-601 (b)« eingegliedert.

Ein Utility-Schlepper einer Panzerjäger-Kompanie als Zugmittel für die 5-cm-Pak 38 L/60.

Das kleine Fahrzeug der Firma SA des Ateliers de Construction de Familleureux in Brüssel erreichte immerhin 52 PS und eine Zugkraft von 3.000 kg. Hier als Zugmittel für die 7,5-cm-Pak 40 L/48.

Auch als Transportfahrzeug für die Feldpost war der Utility bei der Wehrmacht im Einsatz.

Während des Frankreich-Feldzuges und in Nordafrika fielen der Wehrmacht zahlreiche »Scout Carrier« in die Hände. Alle noch brauchbaren wurden unter der Bezeichnung »Gepanzerter M.G.-Träger CL-730 (e)« wieder zum Einsatz gebracht. Sie waren mit den unterschiedlichsten Maschinengewehren ausgerüstet und wurden zumeist als Versorgungsfahrzeuge eingesetzt.

Der Baustab Becker in Frankreich vergrößerte den Aufbau des »Scout« und versah die Fahrzeuge mit dem Anhänger des »UE«. Als Munitionsschlepper liefen sie dann beim Artillerie-Regiment 227, das im Herbst 1941 nach Rußland verlegt wurde.

Neben dem »Scout« wurden eine große Anzahl der »Bren-Carrier« von der Wehrmacht übernommen, und diese liefen dort in erster Linie als Versorgungsfahrzeuge mit der Bezeichnung »Gepanzerter M.G.-Träger Bren-731 (e) bzw. 732 (e)«. Eines dieser Fahrzeuge wurde zum Wa.Prüf. 6 gebracht und umfangreichen Tests unterzogen.

Ein »Bren (e)« als Munitionsschlepper bei einer Gebirgsjäger-Division 1943.

Auch die deutsche Fallschirmtruppe verwendete erbeutete »Bren-Carrier«.

Eine besonders große Anzahl britischer Fahrzeuge wurde durch das Deutsche Afrika-Korps erbeutet. Soldaten einer Flak-Abteilung des D.A.K. untersuchen zwei verlassene »Bren«. Links vorn steht ein Lastkraftwagen 1 t Krupp L2H143 Kfz. 69 »Krupp-Protze« mit 60-cm-Flak-Scheinwerfer und dahinter eine »Krupp-Protze« mit 2-cm-Flak 38 L/55, ganz rechts fährt ein schwerer Einheits-Pkw Horch oder Ford.

»Bren« des Afrika-Korps, dahinter ein Panzer III Ausführung G.

Auch an der Ostfront fuhren viele »Scout-Carrier«, z. T. stammten diese auch von der Roten Armee, die sie im Rahmen des Pacht-Leih-Vertrages erhalten hatte.

Dieser »Bren«, der im Sommer 1944 von einer deutschen Einheit in Frankreich erbeutet wurde, ist provisorisch mit deutschen Kennzeichen versehen worden.

Insgesamt 14 der Fahrgestelle des britischen leichten Panzers Vickers Mk. VI A wurden vom Baustab Becker zu Munitionsschleppern umgebaut. Teilweise erhielten die »UE«-Anhänger eine Achse mit zwei Laufrollen als Räder. Zusammen mit den anderen Fahrzeugen und Geräten wurden die »Gepanzerten Munitionsschlepper Mk. VI-736 (e)« im Herbst 1941 an die Ostfront verlegt.

Eine Vielzahl der französischen Tracteur d'Infanterie Renault UE Chenilette mle. 1931 der Firma SA des Usines Renault in Billancourt/Seine kam im Mai 1940 zur deutschen Wehrmacht. In den deutschen Einheiten liefen sie als »Gepanzerte Munitionsschlepper UE-630 (f) mit Anhänger UE-840 (f)«.

Dieser UE wurde gerade erst von der Wehrmacht übernommen und hat noch keine entsprechende Kennzeichnung. Der Fahrer ist ein Leutnant Schönfelder.

Ein fahrbereitgemachter UE mit Anhänger dreht seine ersten Proberunden auf dem Hof eines französischen Guts.

Lange Zeit begleiteten die UE die deutschen Truppen. Noch 1944 liefen einzelne Fahrzeuge während der Kämpfe auf dem Balkan.

Munitionsschlepper UE (f) einer Panzerjäger-Kompanie (mot).

Dieser UE innerhalb eines pferdebespannten Artillerie-Regiments. Auf dem Fahrzeug steht ein tschechoslowakisches Maschinengewehr ZB 30.

Soldaten einer Nachschub-Kompanie mit ihrem Muni-Schlepper UE.

Entladung eines UE aus einem deutschen Transportflugzeug.

UE einer Panzerjäger-Kompanie beim Übersetzen über einen Fluß. Die Bedienung der 5-cm-Pak 38 L/60 mußte ins Wasser, um die aus Floßsäcken gebaute Fähre an Land zu ziehen.

Auch dieser UE kam als Zugmittel für die 5-cm-Pak 38 L/60 in einer Panzerjäger-Kompanie zum Einsatz. Auf dem UE liegt das zum Geschütz gehörende Spornrad.

Infanterieschlepper UE im Herbst 1944.

Die an deutscher Seite kämpfende 30. Waffen-Grenadier-Division der SS »Charlemagne« Nr. 1 war mit Muni-Schleppern UE ausgerüstet.

Die französische Firma Ets. de Dietrich & Cie. in Luneville und Bagneres de Bigorre entwarf 1935 ein Vollkettenfahrzeug als Ersatz für den Renault UE. Nach dem Abschluß der Erprobung wurde im April 1937 ein Auftrag über insgesamt 432 Chenilette Lorraine erteilt. Im Zeitraum vom 11. Januar 1939 bis 26. Mai 1940 wurden diese ausgeliefert. Ein während der Kämpfe im Mai 1940 verlassener »Lorraine-Schlepper«.

Vom Baustab Becker wurden alle erbeuteten Fahrzeuge zusammengefaßt. Hier ein erbeuteter »Lorraine-Schlepper« mit Benzin-Anhänger als Gefechtsfeld-Versorgungsfahrzeug.

Zu den Einheiten des Heeres kamen die Fahrzeuge als »Gepanzerte Vollkettenschlepper 37 L (f)«. Dieses Fahrzeug wurde bei der 14. Panzer-Division eingesetzt.

Ein »Lorraine-Schlepper« als Zugmittel für die 7,5 cm Pak 40L/48 im Frühjahr 1942 im Abschnitt der 14. Panzer-Division.

Turmlose Wannen des Renault R 35 kamen in der Wehrmacht als »Mörserzugmittel 35 R-731 (f)« zum Einsatz. Am 18. Februar 1941 standen 250 dieser Fahrzeuge zur Abnahme bereit. Dieses Fahrzeug zieht den Rohrwagen einer 21-cm-Kanone 38.

Dieser Renault schleppt den Rohrwagen des 21-cm-Mörser 18.

Auch diese Renault-Wanne wurde zum Ziehen eines Rohrwagens für ein 21-cm-Geschütz eingesetzt. Am Fahrbahnrand steht ein abgeschossener russischer Panzerwagen BA-10. Litauen, Juli 1941.

Die Lafettenwagen der 21-cm-Kanone und der 21-cm-Mörser mußten bei den schlammigen Böden Rußlands oft durch zwei Renaults gezogen werden.

Auf den russischen Marschstraßen wurden die Wannen durch leichte Panzer Renault R 35 oft zum Bergen festgefahrener Lastkraftwagen eingesetzt.

Im November 1941 hatte das Heer weitere 100 Zugmittel auf R 35-Fahrgestell gefordert. Im Februar 1942 wurde diese Forderung um nochmals 200 Stück erhöht. Soldaten einer schweren Artillerie-Abteilung bei der Übernahme eines Eisenbahntransports mit Zugmitteln R 35 im Sommer 1941 auf einem russischen Bahnhof.

Bis zum Beginn des Frankreich-Feldzuges wurden von der Firma SA des Ans. Ets. et Cie. in Saint Dennis/Seine etwa 770 leichte Panzer Hotchkiss H39 gefertigt. Über 600 Stück davon sollen brauchbar in deutsche Hände gefallen sein. Eine Anzahl der Panzerwannen wurde ebenfalls als Zugmittel für die schwere Artillerie verwendet.

»Mörserzugmittel 38 H-735 (f)« als Munitionsfahrzeug bei einer Artillerie-Batterie (Sf.).

Eine 38 H-Wanne als Zugmittel für die 15-cm-s. F.H. 18.

Die Bedienung einer 15-cm-s. F.H. 18 überquert mit ihrem Schlepper im Herbst 1941 einen bulgarischen Fluß bei Brasurdan.

Auf dem Fahrgestell des polnischen Kleinpanzers TKS baute die Lastwagen-Fabrik Ursus in Warschau den Kettenschlepper C 2 P. Einzelne Fahrzeuge liefen noch eine Zeit lang bei der deutschen Truppe.

Dieser Kleinpanzer TK (p) lief beim Panzer-Regiment 1 als Munitionsschlepper. Hinter dem Fahrzeug steht ein Panzer IV Ausführung A, von dem nur 35 Stück gebaut wurden.

Nachschub-Kolonne, die mit polnischen Kleinpanzern TKS ausgestattet wurde.

Einzelne TKS (p) hielten sich ziemlich lange bei der Truppe. Dieses Fahrzeug war noch im Winter 1943 im Einsatz.

Dieser TKS (p) ging erst bei den Kämpfen in Nordfrankreich im Herbst 1944 verloren.

Das Warschauer Panzerwerk »Panstwowy Zaklad Inzynierii« baute 1934 bis 1938 insgesamt 71 der C7P wz. 1934 als Zugmittel für die tschechoslowakischen 220-mm-Mörser Skoda vz. 1916 der polnischen Armee. Hier ein »Schwerer Raupenschlepper C7P (p)« beim Bergen eines liegengebliebenen polnischen leichten Panzers 7 TP im Winter 1939/40.

Einige C7P (p) wurden bei den Instandsetzungseinheiten zum Einsatz gebracht. Dieser schleppt einen durch Kettenschaden ausgefallenen leichten Panzer II Ausführung C ab.

Die Panzerabwehrabteilungen der russischen Schützendivisionen wurden ab 1936 mit dem Artillerietraktor STZ-3 »Komsomoletz« als Zugmittel für Paks ausgerüstet.

Unzählige dieser Fahrzeuge gelangten, teilweise völlig intakt, zur Wehrmacht.

Ein »Gepanzerter Artillerieschlepper STZ 3-630 (r)« als Zugmittel für die 10,5-cm-le. F.H. 18.

Die fahrbereiten Schlepper, die von der Wehrmacht in Besitz genommen werden konnten, wurden kurzerhand in den Bestand aufgenommen.

Einer der russischen Kettenschlepper wurde nach Kummersdorf überführt und getestet. Bei der Verskraft lief er als »Fahrzeug Nr. 303«.

Der »Komsomoletz« in einer Halle der Verskraft. Dahinter steht der Beute-Panzerspähwagen BAF-203 (r) - »Fahrzeug Nr. 303«.

Soldaten einer Nachschub-Einheit auf ihrem Beute-Munitionsschlepper im Frühjahr 1943.

Auf dem Bug des Fahrzeuges wurden ein Reserve-Rollenwagen für das Laufwerk sowie Abschleppketten befestigt.

Auf den Marschstraßen bewährten sich die STZ 3 (r) als Abschleppfahrzeuge. Hier bei der Bergung eines Lkw 3 t »Opel-Blitz«.

Ein Muni-Schlepper STZ 3 (r). Das Fahrzeug ist mit dem russischen 7,62-mm-Kpfwg.M.G. DT-320 (r) bewaffnet.

Auch die Wannen der leichten Panzer T 70 liefen als »Gepanzerte Munitionsschlepper T70-743 (r)« bei der Wehrmacht.

Teilweise wurden auch die Wannen des russischen leichten Panzers T 60 als »Gepanzerte Munitionsschlepper T 60-743 (r)« verwendet.

Der Muni-Schlepper im Oktober 1942 in einer russischen Stadt.

Einige T 70-Wannen wurden auch als Zugmittel für die Panzerjäger verwendet. Im Sommer 1943 zog dieser »Zugkraftwagen T 70 (r)« eine 7,5-cm-Pak 40.

Diese T 70-Wanne war als Zugfahrzeug für eine erbeutete Regimentskanone eingesetzt, dt. Bezeichnung »7,62-cm-Feldkanone 288 (r)«.

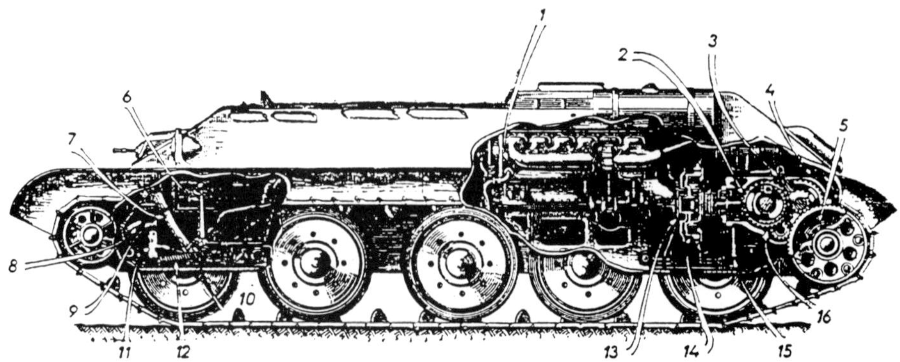

1 Motor; 2 Kegelradgetriebe; 3 Schaltgabel; 4 Bremse und Lenkkupplung; 5 Seitenvorgelege; 6 Gangschalthebel; 7 Lenkknüppel; 8 Fahrfußhebel; 9 Bremspedal; 10 Schaltkulisse; 11 Kupplungspedal; 12 Unterstützungsfeder; 13 Ausrückvorrichtung; 14 Hauptkupplung; 15 Schaltsäule des Wechselgetriebes; 16 Wechselgetriebe

Die Wannen der russischen T34 wurden von den Instandsetzungseinheiten bevorzugt als »Abschlepp- und Bergewannen T34-747 (r)« verwendet.

In den beiden letzten Kriegsjahren, so berichteten immer wieder ehemalige Soldaten der Ostfront, brach oft schon Panik aus, wenn nur das Motorengeräusch eines T34 zu hören war. In der Regel wurde dann in die Richtung geschossen, aus der der Lärm kam. Nach einem Auskunftsbericht wurde daraufhin Anfang 1944 durch O.K.W. festgelegt, die Beute-T34 nur noch im rückwärtigen Raum als Abschleppwannen einzusetzen.

Am 18. September 1943 entschied das O.K.W., daß in den Monaten der »Schlammperiode« alle fahrbereiten KW-I als Zugmittel auf den Marschstraßen einzusetzen seien. Hier ein Panzerkampfwagen KW I A-753 (r) -russ. Modell 1940.

Wegen ihrer hohen Zugkraft wurden die Wannen der KW I schon seit Beginn des Rußland-Feldzuges als Zug- und Bergefahrzeuge eingesetzt.

Zwölf der ausgemusterten Wannen des Panzerkampfwagen 35 (t) wurden als »Mörserzugmittel 35 (t)« der schweren Artillerie übergeben.

Einige der Panzerwannen wurden von der Truppe zu »Gepanzerten Munitionsschleppern 35 (t)« umgebaut.

Zum Anhängen der Geschütze wurde am Heck der Panzerwanne eine Traverse mit Zughaken angebracht. Die zulässige Anhängelast des Fahrzeuges betrug 12.000 kg.

Nachdem sich während der ersten Kriegsmonate gegen Rußland die 3,7-cm-Kpfwg.K.38(t) L/48,7 des leichten Panzerkampfwagen 38 (t) für den Kampf gegen Panzer als unzureichend erwies, begann schrittweise der Umbau der Fahrgestelle zu Selbstfahrlafetten. Für die Artillerie-Batterien (Sf.) wurden als Munitionsfahrzeuge ebenfalls die Wannen der Panzer 38 (t) verwendet. So hatten z. B. die s.IG-Kp. (Sf.) 701 bis 706 jeweils zwei »Gepanzerte Munitionsschlepper 38 (t)«.

Einige Munitionsfahrzeuge auf 38 (t)-Fahrgestell hielten sich ziemlich lange bei der Truppe. Dieser hier fuhr noch im Herbst 1944 bei der Panzer-Lehr-Division.

Muni-Schlepper 38 (t) Ausführung H im Winter 1942/43 vor Stalingrad.

Für die mit 15-cm-s.I.G.33/2 auf Panzerkampfwagen 38 (t) Ausführung M Sd.Kfz. 138/1 »Grille« ausgerüsteten Kompanien der Panzergrenadier-Regimenter wurden die Munitionspanzer auf dem »Grille«-Fahrgestell gebaut. In der Regel wurde jede vierte »Grille«-Wanne als Munitionspanzer ausgeliefert. Allein von Januar bis Mai 1944 verließen 102 Muni-Schlepper 38 (t) Ausführung M die Böhmisch-Mährische-Maschinenfabrik Prag.

Die Fertigung der Muni-Schlepper 38 (t) M begann zeitgleich mit der »Grille«-Herstellung im Februar 1943. Die Panzerkästen dazu wurden von den Firmen Poldihütte in Komotau und Wittkowitzer Eisenwerke in Mährisch-Ostrau geliefert. Dieses Fahrzeug hat den gegossenen Fahrererker der letzten Fertigungsreihe.

Schleppervorführung der Verskraft am 5.3.42 auf der Außenstelle für schwere Böden in Berka

Kettenfahrzeuge	PS	Gesamtgewicht (kg)	Kettenbreite (mm)	Kettenauflage (mm)	Bodendruck (kg/cm^2)	Zahl der Gänge	Verbrauch (l/100km)	Tankinhalt (l)	Fahrbereich (km)	Anhängelast / Gewicht (kg)
Famo Boxer	42	3430	305	1030	0,55	3	96	130	105	Brückenanh./4725
Hanomag	50	4700	315	1270	0,59	3	122	110	80	sFH18mot/6200
Lanz Bulldog	55	5330	400	1360	0,49	3	122	100	62	sFH18mot/6200
Famo Rübezahl	60	4575	305	1260	0,635	3	132	180	106	sFH18mot/6200
Famo Riese	100	8700	420	2450	0,42	4	212	172	79	10cmK18/6200
Kaeble	130	16.915	500	2270	0,75	6V/2R		270		10,5cmFlak/14.750
RSO	75	4900	340	2040	0,375	4	190	110	137	leFH18/1800
Skoda MTH	32	3950	280	1470	0,48	4	130	53	27	Brückenanh./5150
Skoda STH	45	4600	280	2140	0,38	5	135	103	61	sFH18mot/6200
Praga T3	70	4650	300	2000	0,3	4V/1R	110	150	130	
Praga T9	140	10.100	340	3200	0,43	4V/1Rx2	200	250	120	
Stalinez 65 (r)	65	10.400	490	2050	0,52	3	175	300	171	10cmK18/6200
le. Art.Schl. (r)	40	7650	310	2050	0,6	5	125	166	133	Sd.Anh. 102/4330
s. Art.Schl. (r)	400	18.050	425	3480	0,61	4V/2Rx2	145	500	345	Tiefladeanh./14.500

DIENSTVORSCHRIFTEN

D 50/12	Kennblätter fremden Geräts, Heft 12 Kraftfahrzeuge vom 20.3.41
H.Dv. 600	Entwurf. Anhaltswerte über Kraftfahrzeuge und Gerät vom 10.4.40
H.Dv. 603	Entwurf. Kraftfahrgerät -Krupp-Traktor vom 1.12.3
H.Dv. 628/20	Raupenschlepper St (r) Typ »Stalinez 65« und »SG 65«. Gerätbeschreibung und Bedienungsanweisung vom 14.12.42
H.Dv. 632/2	Taschenbuch für den Kraftfahrer im Winter vom 12.11.42 und 10.7.43
H.Dv. 635/5	Kraftfahrzeuge im Winter. Anweisung für Wartung und Bedienung vom 27.8.42
H.Dv. 635/12	Merkblatt Abschleppgerät für Panzerkampfwagen vom 15.11.40
H.Dv. 635/50	Kraftfahrzeuge in Staub, Hitze und Schlamm vom 1.10.42
H.Dv. 635/60	Gleiskettenschlepper Hanomag Typ KV 50. Umstellungsanweisung zum Betrieb mit Sonderdieselkraftstoff I vom 9.3.43
H.Dv. 635/61	Gleiskettenschlepper Famo Typ Boxer und Rübezahl. Umstellungsanweisung zum Betrieb mit Dieselkraftstoff I vom 3.3.43
H.Dv. 638/1	Raupenschlepper Ost Steyr Daimler Puch A.G. Typ RSO/01. Gerätbeschreibung und Bedienungsanweisung vom 17.12.42
H.Dv. 638/2	Raupenschlepper Ost Typ RSO/01 Steyr, Daimler, Puch A.G., Auto Union (Nachbau), Gräf u. Stift (Nachbau), Klöckner-Humboldt-Deutz (Nachbau. Ersatzteilliste vom 16.3.43
H.Dv. 638/203	Raupenschlepper Famo, Typ Rübezahl, Sonderausrüstung für den Winterbetrieb. Ausführung 1943. Einbauanweisung, Gerätbeschreibung, Bedienungsanweisung und Ersatzteilliste vom 1.7.43
H.Dv. 638/205	Raupenschlepper Famo, Typ Boxer, Sonderausrüstung für den Winterbetrieb. Ausführung 1943, Einbauanweisung, Gerätbeschreibung, Bedienungsanweisung und Ersatzteilliste vom 1.7.43
H.Dv. 638/207	Kettenschlepper Lanz-Bulldog, Typ D 1561, mit Glühkopfmotor, Sonderausrüstung für den Winterbetrieb. Ausführung 1943, Einbauanweisung, Gerätbeschreibung, Bedienungsanweisung und Ersatzteilliste vom 26.8.43
H.Dv. 638/210	Kettenschlepper Hanomag Typ KV 50, Sonderausrüstung für Winterbetrieb. Einbauanweisung, Gerätbeschreibung, Bedienungsanweisung und Ersatzteilliste vom 22.2.43
H.Dv. 650/9b	Gepanzerter Munitionsschlepper (Sd.Kfz. 111). Vorläufige Gerätbeschreibung und Beladeplan vom 15.8.42
H.Dv. 652/231	Panzerkampfwagen 35 (t) und umgebaute Mörserzugmittel, Sonderausrüstung für Winterbetrieb. Gerätbeschreibung, Einbau- und Bedienungsanweisung sowie Ersatzteilliste vom 15.2.43
H.Dv. 654/1	Gepanzerter Munitionsschlepper, Ausf. B, Gerätbeschreibung und Bedienungsanweisung vom 1.5.42

H.Dv. 658/25 Gepanzerter Munitionsschlepper UE (f) und Anhänger UE (f). Gerätbeschreibung und Bedienungsanweisung vom 18.11.41

H.Dv. 658/41 Gp. Vollkettenschlepper Lorraine 37 L (f). Gerätbeschreibung und Bedienungsanweisung zum Fahrgestell vom 1.8.42

H.Dv. 658/75 Panzerkampfwagen KW I und II (r). Gerätbeschreibung und Bedienungsanweisung zum Fahrgestell vom 1.9.43

H.Dv. 658/205 Panzerkampfwagen 35 S (f) und umgebaute Mörserzugmittel, Sonderausrüstung für Winterbetrieb. Gerätbeschreibung, Einbau- und Bedienungsanweisung sowie Ersatzteilliste vom 1.11.42

H.Dv. 658/215 Panzerkampfwagen 35 R (f) und umgebaute Mörserzugmittel, Sonderausrüstung für Winterbetrieb. Gerätbeschreibung, Einbau- und Bedienungsanweisung sowie Verzeichnis der Einzelteile vom 1.11.42